컬러 인사이드

일러두기

1 국립국어원의 한글 맞춤법과 외래어 표기법을 따랐으나, 관용적으로 굳어진 일부 용어에는 예외를 두었습니다.

2 책, 신문, 잡지 제목은 《 》, 영화와 미술 작품, 기사, 노래 제목은 〈 〉로 표시했습니다.

컬러 인사이드

COLOR INSIDE

눈으로 보고 마음으로 느끼는
일상 속 컬러 이야기

황지혜 지음

추천사

소재와 색상은 우리에게 정서적인 영향을 주고, 우리가 제품을 느끼는 방식에 영향을 미친다. 때문에 디자이너가 색상의 가치를 이해하고, CMF(컬러, 소재, 마감)에서 컬러의 역할을 이해하는 것은 매우 중요하다. 이 책은 디자이너뿐만 아니라 색상에 관심이 있는 모든 사람들에게 유용한 자료다.

— 크리스 레프테리(Chris Lefteri), 영국의 소재 전문가/교수/저자

책을 다 읽고 나면 색을 이해하고 보는 관점이
'색'다르게 다가올 것이다.

— 이철현(Chul Lee), 나이키 시니어 디자이너

우리가 일상에서 매일 마주하는 컬러들에 대해
20년 차 디자이너가 들려주는 다양하고 흥미로운
색의 시각적, 심리적, 역사적인 이야기들.

— 심준용, 카카오 스타일 디자인 총괄 부사장

이 책을 읽고 나도 몰랐던 나의 고급진 취향을 깨닫게 되었다.
어쩐지 울트라마린이 끌리더라니.
이렇게 또 '디테일' 맛집 알아간다. 감사합니다.

— 이종협, 현대카드 시니어매니저

"하늘은 왜 파랄까", "나는 왜 빨간색에 끌릴까"라고 막연히 묻던
십 대의 내게 돌아가 건네주고 싶은 책. 웜톤 그레이와 쿨톤 그레이
사이에서 오랜 시간 고민하는 사회 초년생이던 내게 돌아가 추천하고
싶은 책. 나아가 오늘도 색과 밀접한 삶을 살아가고 있는 모든
디자이너에게 선물하고 싶은 책.

– 임상미, 애플 디자이너

인간의 감정과 행동, 문화적 정체성에도 밀접하게 관여하는 컬러는
시대에 따라 그 역할과 의미가 변화하고 있다. 오랫동안 저자가
다양한 산업군에서의 경험을 바탕으로 고전에서부터 지금의
브랜드까지 넘나드는 컬러에 대한 새로운 인사이트가 흥미롭다.

– 최소현, 네이버디자인&마케팅 부문장/퍼셉션 고문

컬러를 통해 세상을 바라보는 새로운, 보다 풍부한 시각을
제공하는 책. 컬러 관련 실무자뿐만 아니라, 의식/무의식적으로
컬러를 대하는 일반 독자들에게도 일독을 권한다.

– 장영하, 현現 영국 서식스 경영대학 교수/ 전前 삼성SDS 기술전략팀 책임연구원

그의 컬러 스토리텔링은 나 자신이 사무치게 그리워지게 만든다.
잊혀진 공감각적 기억을 되살리는, 맛나게 지은 시 한 편 같은 컬러의
연금술. 나를 일깨우고 우아함과 세련미를 고양시키는 셰르파의
이야기, 온화하고 친절한 색이다.

– 유세진, 연합뉴스 아나운서/심리상담사

황지혜 디자이너는 디자인프레스에서 오랜 시간 객원 필자로
활동해 왔다. 트렌드 리포트를 쓸 때나 전시 리뷰를 쓸 때도
그는 항상 '컬러' 렌즈를 장착한 사람처럼 보였다. 컬러에 집중하여
대상을 바라보니 안 보였던 디테일도 읽히곤 했다. 이번 책은
의아함을 확신으로 바꾼다. 특히 요즘처럼 챗GPT가 활보하는
세상에서는, 자신만의 뚜렷한 관점으로 세상을 바라보는 것이
무엇보다 중요하니까.

- 김만나, 디자인프레스 편집장

"색"을 알고 싶은 분들께, 이 책은 20년 가까이 색을 디자인해
온 저자의 삶 그 자체라고 생각한다. 각각의 색이 가지는 특성과
실생활에서의 응용, 그리고 명화, 영화와 연계하여 전문가와 일반인
모두가 쉽게 이해할 수 있도록 정리한 내용이 매우 인상 깊다.
이 책은 컬러에 대해 좀 더 깊이 있게 공부하고자 하는 사람이나,
컬러를 활용하여 더 효과적인 디자인을 하고자 하는 디자이너들에게
매우 유익한 자료가 될 것이다. 또한 그림이나 명화를 좋아하는
일반 독자들도 매우 즐거워할 것이다.

- 김진, 현㈜ 오스템 임플란트 전무이사 / 전㈜ LG전자 디자인센터 상무

차례

RED 빨강 　　　가장 천박할 수도 가장 매혹적일 수도 있는 컬러

BLUE 파랑 　　　이성적이고 중립적이며 깊고 넓은 컬러

GREEN 초록 　　생명의 탄생에서 죽음까지 대자연의 시작과 끝이 담긴 컬러

YELLOW 노랑

밝고 긍정적이며 무한한 에너지를 품은 태양의 컬러

ORANGE 주황

미각과 후각을 자극하는 가장 상큼한 컬러

VIOLET
PURPLE 보라

불완전하고 변화무쌍한 역동적 가치의 컬러

PINK 핑크   로맨틱하고 부드러운 꿈과 낭만의 컬러

BLACK 검정   모든 것을 담은 가장 광범위하고 철학적이며 시크한 컬러

WHITE 하양   순수하고 심플한 무한한 가능성의 컬러

들어가며

"컬러는 우리의 생각과 우주가 만나는 장소다."

파울 클레, 화가

컬러가 없는 무미건조한 세상을 상상해 보았나요?

태어나 처음 눈을 뜨는 순간부터 우리는 매일의 삶 속에서 빨강, 파랑, 초록과 같은 수십, 수백, 수천 가지의 컬러들을 마주합니다. 이 같은 컬러들은 우리의 감성을 건드리기도 하고, 우리를 표현하기도 하는 중요한 시각 언어가 됩니다. 또한 맛과 향, 소리, 촉감과 함께 우리의 일상을 풍성하게 만들어 주는 즐거움이자 선물이기도 합니다.

저는 20년 가까이 디자이너로 다양한 산업군의 기업에 컬러와 소재를 컨설팅하고 있습니다. 매 시즌 변화하는 트렌드를 분석하고, 예측해 각 브랜드와 제품에 최적화된 컬러와 소재를 제안하다 보니 어느 누구보다도 이러한 컬러들을 가까이서, 오랫동안, 다각도로 관찰할 수 있었습니다.

빛의 반사로 우리 눈에 인식되는 컬러는 시각적으로 명료하면서도 아름답습니다. 또 물감이나 안료와 같이 물리적인 대상에 녹아있기도 하면서 철학과 사상같이 정신적인 가치를 담고 있어 다양한 영역을 넘나듭니다. 때문에 컬러는 쉬운 듯 어렵고, 가벼운 듯

무거운 상반된 속성을 모두 지니고 있습니다.

또 컬러 하나하나에는 오랜 세월 전해 내려온 인류의 역사와 전통에 대한 고유한 이야기들이 담겨 있으며, 서로 다른 것들을 연결하고 새로운 것들을 창조해 나갈 수 있는 힘이 있습니다. 이것이 제가 생각하는 컬러의 매력이자 제가 컬러를 사랑하는 이유입니다.

이 책에서는 우리가 잘 알고 있는 예술 작품, 영화, 디자인, 브랜드를 통해 컬러가 주는 감성과 의미들을 소개합니다. 이는 각 컬러를 세 가지 측면에 기인해 정리한 것으로, 이는 컬러가 갖는 시각적 특성, 우리에게 주는 심리적 영향, 과거 역사적으로 활용해 온 기록과 경험들입니다. 이를 바탕으로 컬러의 장인들이 각 컬러를 어떻게 사용했는지 사례를 통해 쉽고 재미있게 이해할 수 있도록 소개합니다.

컬러가 가진 무궁무진한 가능성과 영감이 제게 그랬듯이 이 책을 읽는 독자들에게도 여러분의 일상을 풍성하고 활기차게 만들어 주는 원동력이자 또 다른 에너지가 되었으면 좋겠습니다. 우리는 누구나 컬러를 선택합니다. 그 선택이 피상적이거나 골치 아픈 행위가 아닌, 의미 있고 즐거운 과정이 될 수 있도록 깊고 진한 컬러의 세계로 들어가 보시죠.

2023년
황지혜

RED

빨강

가장 천박할 수도
가장 매혹적일 수도 있는 컬러

인류와 레드의 인연은 선사 시대부터 시작되었다. 황토를 짓이겨 만든 붉은 안료는 블랙, 화이트와 함께 인류가 사용한 최초의 컬러다. 채집과 수렵이 중요한 생존 방식이었던 당시의 인류에게 중요한 능력 중 하나는 푸른 초원에서 붉은 열매를 빨리 발견하는 것이었다. 즉 그린과 레드의 보색 대비에 민감한 종이 살아남았던 것이다. 색에 대한 민감성은 인류의 생존을 위해 중요한 감각 중 하나였다.

"레드는 피와 같은 색으로 가장 강렬한 색 중 하나다.
레드에는 눈길을 사로잡는 강력한 마력이 있다. 그래서 나는
내 모든 작품에 레드를 쓴다."

키스 해링, 그래피티 아티스트

강렬한 컬러와 간결한 선으로 자신의 생각을 재치 있게 표현했던 미국 팝 아트의 거장 키스 해링Keith Haring의 말처럼 레드는 우리 몸에 없어서는 안 될 피의 색이다. 피에서 느껴지는 강인한 생명력은 물론 열정, 사랑, 분노, 섹스와 같이 본능적이고도 강렬한 감각적 에너지를 지녔다. 이러한 레드를 볼 때 우리는 심장 박동 수가 빨라지고, 동공이 확장되는 등 크고 작은 신체의 변화가 생긴다. 이는 미국 로체스터대학교에서 연구한 '붉은 옷을 입은 여성에 대한 남성들의 신체 반응 변화' 결과에서 찾아볼 수 있다. 이밖에도 레드가 가진 상징적 의미에는 힘과 권력, 혁명, 전쟁, 수

치와 죄 등이 있으며, 폭넓은 의미로 정치, 사회, 문화, 예술 등의 분야에서 활용되고 있다.

레드의 어원을 살펴보면 '붉은'을 뜻하는 라틴어 'ruber'에서 유래했으며, 붉은색의 보석인 루비ruby와 어원이 같다. 고대 인류는 레드를 주로 주술적인 의미로 활용했는데 당시의 이집트인들은 건강과 생명, 승리의 의미에서 붉은 황토를 몸에 발랐고, 붉은 가루를 제물에 뿌리기도 했다. 또 이 시기부터 여성들은 손톱과 머리, 뺨과 입술에 붉은색을 칠했는데, 이는 생기 있고 화려하게 몸을 단장하기 위함이었다.

르네상스 시대에 이르러 레드는 의복 컬러로 사랑받는다. 당시 왕과 교황, 귀족 계급에서 레드는 권력과 힘의 상징이었으며 이는 의복뿐 아니라 그들이 머무는 성의 내부 인테리어에 곳곳에도 적용되었다. 이 시기에 지은 여러 성에 방문해 보면 다양한 톤의 레드가 벽지와 가구, 커튼 등에 활용된 것을 볼 수 있다. 또 레드는 종교적으로 희생과 고결함을 상징하기도 했다. 이 때문에 당시 화가들은 그리스도를 묘사하는 컬러로 레드를 활용했다.

이렇게 사랑 받아오던 레드는 프랑스 혁명 시기를 거치며 주로 정치적으로 활용된다. 자유와 변화를 부르짖는 혁명 계급의 상징으로 주로 깃발과 구호, 심볼 컬러로 사용되어 그 의미를 전했다. 오늘날 영국과 미국, 프랑스를 비롯한 많은 국가가 국기에 레드를 사용하는 것 역시 과거 자유에 대한 투쟁과 용기, 피를 상징하며 이를 기리기 위함이다. 이후 20세기에 이르러 레드는 공산

당의 상징이 되기도 한다.

이렇듯 레드는 오랜 시간 인류와 공존해 오며 수많은 상징과 의미를 지닌 언어와 같은 컬러다. 때문에 그 어느 컬러보다도 기본이 되는, 근본적이며 여러 역사의 순간에 함께 해온 레드. 이번 장에서는 활력과 에너지를 상징한 마티스의 레드, 유혹과 사랑을 표현한 영화 〈물랑 루즈〉 속 레드, 전통과 권위를 담은 까르띠에의 레드, 열정과 도전의 상징이 되는 페라리의 레드, 마지막으로 명예, 자부심, 자긍심의 상징인 영국의 레드를 만나보자.

활력과 에너지

앙리 마티스의 태양빛 레드

앙리 마티스Henri Matisse의 작품 속 강렬한 색채들은 역동적으로 살아 움직이며 우리의 시선을 압도한다. 야수파의 창시자이자 색의 마술사로 불리는 그를 두고, 당대 라이벌이었던 파블로 피카소는 "마티스, 그의 뱃속에는 태양이 들어 있다"고 말했다. 한결같이 작품을 통해 삶의 기쁨과 행복을 전하고자 했던 마티스. 야수파를 대표하는 컬러이자 마티스 내면의 태양이었던 '활력과 에너지의 레드'를 만나보자.

피카소와 함께 20세기를 대표하는 화가로 손꼽히는 마티스의 작품은 강렬한 색채와 리드미컬한 구성이 특징이다. 특히 그림 속 단순한 형태와 라인들은 보는 이로 하여금 컬러에 더욱 집중하게 만든다. 그는 당시 유행하던 고전주의 컬러 톤에서 완전히 벗어나 원색의 또렷하고 선명한 컬러를 사용했는데, 이는 당시 화풍에 따라 눈에 보이는 컬러를 그대로 묘사한 것이 아닌 그의 마음속, 내면에서 느껴지는 감정과 심상을 표현한 것이다.

  마티스는 이러한 컬러들을 통해 작품 속에 이야기를 만들어 간다. 특히 그는 원색의 강렬한 레드를 즐겨 사용했는데, 그중에서도 대표작 중 하나인 〈붉은 방〉에서 레드는 작품 전체를 압도하며 분위기를 이끌어 나간다. 강렬한 붉은 벽지로 도배된 방 안에는 커다란 창문과 붉은 테이블, 잘 익은 과일과 한 여인이 등장한다. 작품을 찬찬히 살펴보면 창문을 통해 깊숙이 스며든 태양빛이 공간 곳곳을 비추어, 밝고 따뜻하면서도 포근한 분위기를 연출하고 있다. 덕분에 이 작품을 감상하는 우리는 여유롭고 행복한 일상 속 어느 순간들을 떠올리게 된다.
  레드와 그린, 두 컬러의 보색 대비를 통해 리드미컬하고 역동적이게 구성된 이 작품은 지나치게 강렬하지 않나 생각할 수도 있지만, 마티스가 철저하게 구성한 구도와 면적이 컬러와 만나 기막힌 균형감을 갖는다.
  마티스는 이 붉은 방이 돋보이도록 왼쪽 상단의 작은 창문을 통해 레드의 보색인 그린과 블루를 배치했다. 또 창문 너머로는 멀리 보이는 작은 집을 붉은 계열로 칠해, 다소 동떨어져 보일 수 있는 창문 너머의 세계와 붉은 방을 시각적으로 연결했다. 여성이 입은 블랙과 화이트의 의상은 무채색으로, 복잡해 보일 수 있는 방 내부에 무게감을 잡아주며 창문과 대각선의 위치에 자리 잡고 있다.

RED

앙리 마티스, 〈붉은 방〉, 1908

마티스는 형태에 있어 원근법을 무시하고 단순하며 심플하게 대상을 묘사했다. 실제보다 확장되어 보여 가깝게 느껴지는 난색인 레드와 멀게 느껴지는 한색인 블루는 형태에 상관없이 컬러만으로도 거리감을 주어 작품에 공간감을 부여한다. 또 붉은 방 곳곳의 옐로 포인트들은 작품 중심에서 우리의 시선을 사로잡으며 리듬감과 균형감을 부여한다.

가만히 작품 속 벽지와 테이블을 살펴보면 어린 시절 카펫에서 본 듯한 익숙한 패턴이 등장한다. 이 푸른빛의 식물 패턴은 아라베스크 문양으로, 마티스가 이슬람 문화에 관심을 가지며 작품에 녹여낸 요소다. 이 패턴은 테이블의 형태에 상관없이 2D 평면처럼 묘사되어 있는데, 작품 속 과일도, 의자도, 여인도 그림자나 음영 효과는 물론 입체감 없이 그려져 있음을 알 수 있다.

이와 같이 그는 컬러뿐 아니라 형태를 묘사하는 방법에서도 대상을 그대로 재현했던 것이 아니라 자신만이 느끼는 형태로 대상을 표현했으며, 이러한 그의 화풍은 일본 판화에서 영향을 받기도 했다.[2]

마티스는 파리에서 법학을 전공했으나 요양 차 쉬던 때에 우연한 기회로 미술을 시작했다. 하지만 제대로 그림을 배운 기간은 불과 3년밖에 되지 않는다고 한다. 그는 항상 이전에 존재하지 않는 새로운 방법으로 그림을 그리고자 노력했는데, 그 결과 자신만

앙리 마티스, 〈붉은 화실〉, 1911

의 화풍을 탄생시키며 기존 미술 사조로부터 독립할 수 있었다. 같은 시기 활동했던 피카소가 형태의 재구성을 통해 입체파의 창시자가 되었다면, 마티스는 컬러의 재구성으로 야수파의 창시자가 되어, 그 또한 20세기 현대 미술에 큰 영향을 미친 화가로 기록되었다. 그는 평소 컬러가 사람에게 주는 치료의 효과가 있다고 주장하며 지인들에게 자신의 그림을 추천하기도 했는데, 이는 오늘날 컬러를 통한 미술 치료의 시초라고 볼 수 있다.

"나는 보기 위해 눈을 감는다"라고 말한 폴 고갱의 말처럼 다시 한번 눈을 감고 마티스의 〈붉은 방〉을 감상해 보길 바란다. 눈이 아닌 마음으로 그의 컬러들을 느껴보길 권한다.

프랑스 북부 출신으로 일조량이 매우 부족한 지역에서 성장한 그가 강렬한 원색의 레드 속에 진정으로 담고자 했던 것은 강한 활력과 에너지를 품은 태양에 대한 갈망과 염원이 아니었을까. 제1, 2차 세계대전을 겪고 병마와 싸우면서도 인생 마지막 순간까지 밝고 선명한 컬러를 사용했던 마티스. 그의 찬란한 레드가 전하는 내면의 태양이 이 글을 읽는 우리 모두에게도 위로와 힘이 되어주면 좋겠다.

유혹과 사랑

영화 〈물랑 루즈〉 속 사랑의 레드

특정 장소를 떠올렸을 때 유난히 컬러로 기억되는 장소들이 있다. 그중에서도 로맨틱하고 매혹적인 레드가 떠오르는 대표적인 장소가 바로 프랑스 파리의 물랑 루즈moulin rouge가 아닐까 싶다. 유혹과 질투, 배반을 넘어 비로소 찾게 되는 진정한 사랑, 이 모든 감정을 대표하는 컬러이자 많은 영화와 소설, 예술 작품 속 영감이 되는 물랑 루즈의 '사랑의 레드'를 만나보자.

물랑 루즈는 프랑스어로 '빨간 풍차'라는 뜻의 카바레다. 겹겹의 붉은색 치마를 입고 경쾌한 리듬에 맞춰 빠른 템포로 다리를 들어 올리는 캉캉 춤의 근원지로도 유명한 이곳은 예술가의 거리로 알려진 몽마르트르 언덕에 있다. 때문에 이곳은 오랜 기간 음악가, 화가, 작가들의 집합 장소가 되기도 했다. 흥겨운 음악 소리와 열기, 다양한 만남, 그리고 그 가운데 벌어지는 예기치 못한 사건은 우리의 호기심을 불러일으키며 사람들을 이끌기에

영화 〈물랑 루즈〉의 포스터

RED

충분하다.

　이곳을 모티브로 한 많은 작품 중에서도 2001년에 개봉한 영화 〈물랑 루즈〉는 이곳의 매력적인 분위기를 아름다운 영상과 음악으로 담아 전 세계인의 주목을 받았다. 영화 전반에 드리우는 화려하고 섹시한 레드는 영화 속 줄거리에 따라 유혹에서 시작해 진정한 사랑으로 변해가며 다채롭게 빛난다.

　영화의 인트로에서는 잿빛으로 그려진 파리의 음울한 거리를 지나 강렬한 붉은빛의 물랑 루즈 입구를 비춘다. 그레이와 레드의 강한 시각적 대비를 극적으로 연출하며 막을 올리는 이 영화는 바즈 루어만 감독의 최고 작품으로 손꼽히기도 한다. 그 스스로가 이 영화를 "레드 커튼 시네마"라고 부르는 만큼 음악과 퍼포먼스, 화려한 무대 장식 등의 볼거리는 영화를 보는 내내 관객들의 눈과 귀를 호강시켜 준다. 특히 영화 전반에 드리운 레드 컬러가 유혹과 사랑을 표현하고 있는데, 줄거리 속 주인공의 감정 변화에 따라 미묘한 차이로 달리 표현된 레드의 변화를 살펴보면 무척 재미있다.

　영화는 1900년대를 배경으로 한 서정적인 사랑 이야기로, 극작가를 꿈꾸며 파리에 온 영국 작가 크리스티안과 물랑 루즈 최고의 댄서이자 코르티잔(당시 유럽 사회의 고급 매춘부)인 사틴의 만남으로 시작한다. 일명 "찬란한 다이아몬드"로 불리는 사틴은 노래를 부르며 반짝이는 그네를 타고 공중에서부터 아찔하게 매달려 등장한다. 푸르도록 새하얀 얼굴과 새빨간 입술의 사틴은 섹시하고도 아름다운 자태로 모두를 유혹한다.

당시 유럽 사회에서 코르티잔은 미모와 지성을 겸비한 여성으로 왕이나 귀족, 부자의 정부로 지내며 그들이 지원하는 돈으로 생계를 이어나갔다. 사틴 역시 자신을 배우로 만들어 줄 공작을 유혹하기 위한 자리를 준비하게 되는데, 이때 그는 섹시한 란제리 룩의 블랙 드레스로 한껏 치장하고 레드와 골드로 꾸며진 화려하고 매혹적인 침실에서 그를 기다린다. 이와 같이 레드는 유혹이나 미혹, 불륜이나 배반, 욕망 등을 표현할 때 주로 블랙과 함께 사용된다.

반면 크리스티안과의 진실된 사랑을 확인하는 장면에서의 레드는 사뭇 다르다. 단색 레드의 실크 드레스를 입고 빨간 입술로 노래하는 사틴은 어둠 속에서도 눈부시게 빛난다. 드레스의 실크 광택 덕에 한층 더 풍부한 톤으로 반사되는 레드 드레스는 푸른 달빛 아래 더욱 붉은 매력을 발산한다. 공작을 유혹할 때 보여진 장식적인 배경 대신 진실한 사랑의 노래를 부르는 두 주인공만이 스포트라이트를 받아 밝게 반짝인다.

화려하고 아름다운 겉모습 이면에 가난으로 지쳐 비참한 삶을 살고 있는 사틴은 사랑이란 헛된 꿈이고 헤어 나와야 하는 감정이라며 이를 벗어나려 노력하지만 사실 그 누구보다도 사랑이 필요하고 사랑을 갈망하는 여성이다. 이렇듯 세상에서 가장 비참

〈물랑 루즈〉의 한 장면

한 것이 가난이라는 사틴에게 크리스티안은 사랑 없는 삶이 가장
비참하다고 노래한다. 또 그대가 있어 삶이 아름답다는 고백을 노
래로 전하며 둘은 서서히 서로의 진실된 사랑을 확인해 나간다.

극 중 오해가 거듭되는 사건들로 위기를 맞는 가운데, 크리스
티안은 사틴을 위해 둘만이 아는 사랑의 고백 노래를 만든다. 그
노래가 바로 유명한 〈컴 왓 메이come what may〉다.

냉혹한 현실 속에서 진정한 사랑을 찾아나가는 과정을 아름
다운 영상과 노래로 담은 이 영화는 당시 할리우드의 대표 배우
니콜 키드먼과 이완 맥그리거가 주연으로 출연하며 더욱 이목을

집중시켰다.

자, 이제 눈을 감고 두 주인공이 나직한 목소리로 전하는 노래 〈컴 왓 메이〉를 들으며 내 인생에도 펼쳐진 또는 펼쳐질 사랑의 레드를 떠올려 보자. 진실한 사랑이 전하는 먹먹한 감정들이 당신의 가슴을 적실 것이다.

Never knew I could feel like this
이런 감정을 느끼게 될 줄은 정말 몰랐어요
Like I've never seen the sky before
태어나 처음 하늘을 본 기분이랄까요
I want to vanish inside your kiss
그대의 달콤한 입맞춤 속으로 사라지고 싶어요
Every day I love you more and more
하루하루 그대 향한 사랑은 깊어져만 가네요

(…)

Come what may, Come what may
설령 우리 앞에 무슨 일이 일어난다고 할지라도
I will love you until my dying day
내 목숨 다하는 그날까지 그대를 사랑할 거예요

RED

영화와 같이 우리의 현실 속에서도 유혹과 사랑은 동전의 앞 뒷면 같기도 하고, 때론 무척 닮아 보여 헷갈리기도 한다. 하지만 미묘한 톤의 레드 컬러처럼 유혹, 욕망, 열정, 의심, 질투, 배반 너 머의 진정한 사랑은 환경과 조건을 뛰어넘어 맑고 밝게 빛을 낸 다. 우리의 삶 속에서도 반드시 존재하는 이 진정한 사랑을 애써 찾고, 지켜나가길 바란다.

전통과 권위

까르띠에의 딥레드

묵직한 레드가 주는 차분하고 안정감 있는 고급스러움이 있다. 두 꺼운 벨벳이나 질 좋은 가죽, 숙성된 와인에서 보이는 이 '깊은 레드'는 풍성한 톤으로 빛을 발하며 그 속에 오랜 시간과 이야기를 담고 있다. 이 장에서는 브랜드 특유의 오랜 전통과 권위를 담은 까르띠에Cartier의 진한 레드를 소개하고자 한다. 오랜 세월 이 브랜드가 지켜온 전통과 권위의 상징인 '딥레드deep red'를 만나보자.

레드는 오랜 시간 유럽 국가에서 전통적으로 '신성'을 상징했다. 이는 레드가 태곳적부터 사용된 최초의 유색이라는 점에서 남다른 의미가 부여된 결과다. 신성한 의미로 추앙받던 레드는 특권층에게 '권위'를 상징하는 도구가 되는데, 이는 영국의 옛 왕조인 랭커스터와 튜더 왕가의 붉은 문장에서도 관찰할 수 있다. 드높은 위상만큼이나 당시 레드 컬러를 구현하기 위해서는 큰 비용이 들었는데, 모직 10킬로그램을 염색하기 위해서 연지벌레가 14만 마

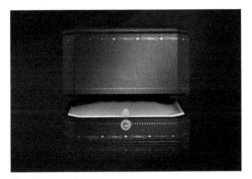

까르띠에의 상징 레드 박스

까르띠에 매장의 디스플레이

리나 필요했다고 하니 서민들로서는 범접하기 힘든 고가의 컬러이기도 했다.[3]

　많은 컬러 중에서도 상징하는 의미가 광범위한 레드는 미묘한 톤에 따라 다양한 감성과 의미를 담는다. 여기에서 컬러의 톤 tone이란 밝고 어두움인 명도와 맑고 탁함인 채도의 혼합으로 모든 컬러는 톤에 따라 가볍게 또는 무겁게, 부드럽게 또는 딱딱하게 느껴지는 성질을 갖는다. 신성과 권위를 차용한 까르띠에의 딥 레드는 레드 컬러 자체가 갖는 주목성에 저명도와 중채도의 톤이 더해져 시각적으로 편하면서도 묵직한 중량감을 가져 보는 이로 하여금 안정감을 느끼게 한다. 또한 이러한 중성적인 레드는 여성들은 물론 남성들에게도 어필하며 젊고 세련된 이미지를 갖는다.

　까르띠에의 딥레드는 로고를 중심으로 시계와 가방의 가죽 컬러, 제품을 감싸는 패키지는 물론 오프라인 매장의 인테리어와 온라인 홈페이지에서도 일관되게 적용되어 브랜드 컬러로 각인되었다. 또한 질 좋은 소재에 적용된 이 레드는 여성은 물론 남성들에게도 사방받으며 명품 시장에 안정감 있게 안착했다고 평가받는다.

　이러한 까르띠에의 시그니처 컬러는 창업자이자 시계 장인이었던 루이 까르띠에의 높은 안목에 의해 채택되었다. 기술력과 장인정신, 높은 퀄리티의 재질로 탄생한 그의 시계와 보석들은 남다른 빛깔과 아름다움을 지닌다. 여기에 신성과 권위의 상징이자 오

RED

랜 전통을 이어온 이 레드가 더해져 제품들을 한층 더 고혹적으로 만든다.

1847년 루이 프랑수아 까르띠에는 나폴레옹 1세의 조카인 마틸드 공주를 시작으로 프랑스 왕실에 작품을 납품하기 시작했다. 그는 세계 최초로 플래티나platina라는 소재로 세공에 성공하며 당시 보석 시장에 큰 반향을 일으킨 장본인이기도 하다. 플래티나는 색이 밝고 변색이 없으며 강도가 높아 스크래치에 강하지만 당시의 세공 기술로는 다루기가 힘든 소재였다. 하지만 오랜 연구 끝에 그는 플래티나로 결혼반지를 만들어 1989년 장남의 결혼식에 선보인다. 이에 결혼식에 참석했던 왕족과 귀족들은 앞다투어 이 아름다운 플래티나 반지를 주문했고, 이런 명성을 바탕으로 그는 1902년 영국 왕실로부터 "영국 왕실 보석상" 칭호를 하사받으며 까르띠에를 세계 최고 주얼리 브랜드로 자리매김시킨다.[4]

루이 까르띠에가 자신의 친구이자 파일럿 알베르토 산토스 뒤몽을 위해 만든 최초의 손목시계 '산토스 뒤몽'

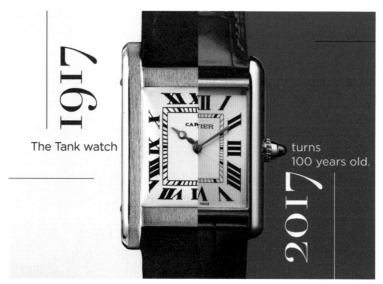

시대가 지나도 사랑받는 모델로 자리 잡은 1971년 까르띠에 '탱크'와 2017년 '탱크'

　최초의 손목시계 역시 그의 작품이다. 당시 휴대용 시계라는 개념이 없던 시절, 루이 까르띠에는 자신의 친구이자 파일럿이었던 알베르토 산토스 뒤몽을 위해 가볍고 휴대성이 좋으며, 언제나 쉽게 시간을 확인할 수 있는 새로운 형태의 시계를 디자인한다. 그 덕분에 오늘날 우리가 사용하고 있는 손목시계가 탄생했고, 루이 까르띠에는 당대에 가장 뛰어나다고 인정받던 시계 장인 에드몽 예거와 독점 계약을 맺는다. 이에 더해 그는 손목시계의 버클 특허권까지 따내면서 시계 분야에서 신세계의 문을 연다.

RED

까르띠에의 이러한 혁신의 정신은 오늘날 제품을 넘어 예술 분야로 확대되었다. 1984년에 설립된 까르띠에 현대미술재단은 현대 사회의 문제를 예술 작품을 통해 대중이 쉽게 이해하도록 돕는 예술 활동을 지원하고, 현대 예술에 접근할 다양한 기회를 제공하고 있다. 이렇듯 예술을 사랑하고, 기술과 장인정신으로 우리의 일상에 예술의 한 점을 녹여내는 것이 까르띠에의 기업 철학이기도 하다.

호흡을 길게 이어오는 명품 하우스들이 그렇듯, 160년이 지난 오늘날까지 명성을 이어오는 까르띠에는 여전히 시대 변화에 발맞추어 성장하고 있다. 브랜드의 오랜 전통과 이에 담긴 고귀한 가치를 감각적으로 잘 표현한 딥레드와 같이 세심하게 다듬어진 완성도 높은 그들의 마스터피스는 앞으로도 우리를 또 놀라게 할 것이다. 럭셔리 시장에서 선전할 '딥레드'의 또 다른 향연을 기대해 본다.

열정과 도전

페라리의 이탈리안 레드

'페라리Ferrari' 하면 누구나 새빨간 스포츠카를 떠올릴 것이다. 이 글이글한 태양빛 아래 굉음을 내며 빠른 속도로 눈앞을 스쳐 지나가는 붉은 페라리만큼 우리의 열정과 도전 정신을 잘 표현해 줄 대상이 또 있을까 싶다. 이처럼 페라리의 새빨간 '이탈리안 레드italian red'는 컬러가 주는 시각적 자극에 중저음으로 증폭되는 엔진 소리와 빠른 속도감이 더해져 우리의 심장을 뛰게 하며 흥분하게 만든다. 이와 같은 이유로 이탈리안 레드는 타 산업군에서도 열정과 도전을 상징하는 레드의 지표가 되고 있다. 그렇다면 영향력이 큰, 남다른 레드는 과연 어떻게 탄생하게 되었을까?

페라리는 다른 어떤 브랜드보다도 레이싱카를 만드는 일에 집중해 온 회사다. 이는 설립자인 엔초 페라리Enzo Ferrar가 카레이싱 선수 출신이기 때문인데, 그의 꿈은 자신이 직접 만든 차로 경기에 출전하는 것이었다. 그는 1939년부터 경주용 자동차를 만들

페라리의 '488 피스타'

기 시작했는데, 얼마 지나지 않아 제2차 세계대전으로 폭격을 맞
은 탓에 이를 더 이상 진행할 수 없게 된다. 하지만 전쟁이 끝난
후, 그는 현재 페라리 공장이 위치한 이탈리아 마라넬로에 '페라
리'라는 이름으로 회사를 다시 세우고, 그때부터 만든 경주용 자
동차로 레이싱 경기에 참여한다. 이때 그가 처음으로 만든 경주용
자동차에 사용한 색이 바로 레드 컬러였다.

　　이후 1920년대에 이르러 유럽에서는 국가별 자동차 브랜드들
이 참여하는 그랑프리 대회가 생겨나기 시작했다. 이때 다양한 나
라의 브랜드들이 섞여 레이스를 하다보니, 멀리서 보기에 누가 어
느 나라, 어느 브랜드인지 쉽게 구별이 되지 않았다. 이에 국제자

동차연맹FIA은 출신 국가에 따라 레이싱카의 바디 컬러를 통일하도록 규정을 마련했다. 이때 레이싱 강국 이탈리아가 지정한 컬러가 바로 레드였다. 페라리는 물론 람보르기니와 마세라티, 알파 로메오와 같은 우수한 이탈리아 브랜드들 역시 레드 컬러의 레이싱카로 경기에 출전하게 되었으며, 그중에서도 페라리는 오늘날까지 이 전통적인 규칙을 이어 레드 컬러의 명맥을 이어오고 있다.[1] 이에 더해 지속적으로 눈부신 활약을 더한 페라리의 '이탈리안 레드'는 오늘날 브랜드의 시그니처 컬러로 확고히 자리매김하며 끝없는 열정과 도전의 상징이 되고 있다.

　페라리의 레드는 시대에 따라 변화했는데, 초기에 주로 사용된 레드는 '레이싱 레드'로 번역되며 가장 널리 알려진 '로소 코르사rosso corsa'라는 다소 어두운 레드였다. 하지만 당시 영상 기술의 한계로 이 어두운 레드가 블랙에 가깝게 왜곡되어 TV 화면에 비치자 페라리는 그들의 시그니처 레드를 보다 밝은 '로소 스쿠테리아rosso scuderia'로 변경한다. 우리가 일반적으로 부르는 이탈리안 레드는 밝은 로소 스쿠테리아에 가깝다. 이때부터 현재까지 페라리는 폭넓은 레드 컬러를 파생해 나가는 가운데 현재는 아홉 가지의 대표 레드 컬러를 공식적으로 운영하며 각 모델의 디자인을 고려해 차등 적용하고 있다.

　컬러는 대상의 형태와 면적은 물론 날씨와 조도, 대기의 질과 습도에 따라 같은 컬러라도 미묘하게 달라보인다. 때문에 자동차

페라리를 상징하는 레드 컬러 '로소 코르사'

페라리의 다양한 레드

업계에서는 컬러를 품평할 때 구름 없는 맑은 날씨의 오전 11시에서 오후 2시 사이 자연광 아래에서 진행한다. 또한 페라리 역시 엄선한 아홉 가지 레드 컬러 중에서도 각 모델의 디자인 콘셉트를 고려해 한두 종의 '최적화된 레드'를 선별해 적용한다. 여기서 최적화된 컬러란, 대상의 형태와 크기, 재질은 물론 디자인 콘셉트를 모두 고려해 다양한 디자인 요소를 하나의 완성된 결정체로 조화롭게 엮기 위해 반드시 필요한 요소다.

페라리와 같이 자동차에 적용되는 아름다운 컬러들은 주로 도장 기술을 통해 구현된다. 이는 페인트와 같은 도료를 스프레이 건으로 분사한 뒤 건조시키는 후가공법이다. 이때 색상 이외에도 광택은 물론 펄과 메탈 가루 등 섞이는 원재료의 종류에 따라 다양한 효과를 낼 수 있다. 최근에 선보여지는 전기차들은 기존 내연기관 자동차들과 다르게 유광glossy이 아닌 광택도가 낮은 무광matt으로 마감하는 경우가 많은데, 이는 같은 컬러여도 에지 부분을 강조할 수 있어 차를 전체적으로 차분하면서도 더 샤프하게 연출할 수 있다.

또 도료에 메탈 성분을 넣으면 금속과 같이 반짝이는 입자감이나 휘도를 갖는 효과를 연출할 수 있다. 다양한 펄을 넣어 깊이감을 극대화하거나 화려하게 만들 수도 있다. 이러한 펄 중에는 보이는 각도에 따라 컬러가 변하는 종류도 있어 남다르고 특색 있는 효과를 연출할 수 있다.

RED

이처럼 컬러를 구현하는 도료의 종류와 성분, 후가공 방법에 따라 동일한 컬러 안에서도 전혀 다른 룩을 만들어 낼 수 있다. 그 중에서도 페라리가 선보이는 이탈리안 레드의 경우, 솔리드 타입(펄 또는 입자가 보이지 않는)의 고광택 레드로 화려한 발색과 더불어 대상을 더욱 단단하고 미려하게 보이도록 만드는 효과가 있다.

레이싱카 제조만으로는 더 이상 회사를 운영할 수 없던 페라리는 1970년부터 공도용 양산 차량도 생산하고 있다. 양산차에는 블랙과 실버, 그린과 화이트 등 다양한 컬러를 사용하고 있지만, 레드가 판매율의 45퍼센트 이상을 레드가 차지하며 오랜 시간 꾸준히 소비자들의 사랑을 받고 있다. 70여 년이 넘는 시간 동안 최적의 레드 컬러를 찾아 그 정체성을 이어온 것이 오늘날 페라리의 남다른 이탈리안 레드를 탄생시킨 비결이다.

더욱이 이탈리안 레드에는 이탈리아의 이글거리는 태양과 붉은 토양 그리고 정열적인 국민성이 더해져 있다. 때문에 오늘날 한 국가와 브랜드를 넘어 열정과 도전의 상징이 되는 페라리의 이탈리안 레드는 언제 어디서든 우렁찬 함성과 열기를 내뿜는다.

명예, 자부심, 자긍심

영국의 칠리 레드

나라와 도시를 상징하는 컬러가 있다. 이러한 컬러는 그 지역의 역사와 환경, 사람의 가치관과 철학을 반영하며 깊고 숭고한 의미를 지닌다. 여러 컬러 중에서도 영국을 대표하는 레드는 전쟁과 같은 국가 위기상황 속에서 강한 자부심과 자긍심으로 국민을 단결시켜 주는 큰 역할을 감당하며 그 명맥을 이어오고 있다. 국기와 각종 제복은 물론 오늘날 도시 곳곳에서 볼 수 있는 영국의 위상 높은 칠리 레드를 만나보자.

영국, 특히 수도 런던을 여행하다 보면 자연스레 레드를 찾아볼 수 있는데, 이 컬러가 공공 디자인에 공통적으로 적용되어 있기 때문이다. 쉴 새 없이 지나가는 이층 버스와 지하철, 다양한 교통 표지판, 전화박스도 모두 레드다. 또 이 도시를 방문하는 사람이라면 대부분 들러보는 버킹엄 궁전에서도 레드를 쉽게 찾아볼 수 있다. 휘날리는 국기와 근위병의 붉은 제복에서 눈에 띄는 이 선명한 레드는 우리가 런던에 있다는 사실을 수시로 실감나게 한다.

그렇다면 영국은 왜 이렇게 레드를 좋아하는 것일까? 이는 오늘날 영국 국기인 유니언잭의 유래에서 찾아볼 수 있다. 1800년에 탄생한 유니언잭은 잉글랜드, 스코틀랜드, 아일랜드의 국기가 적절하게 배합된 디자인으로 성 조지의 십자가, 성 앤드루 십자가, 성 패트릭 십자가가 합쳐진 형태다. 또 국기 컬러는 칠리 레드chili red와 네이비 블루navy blue, 화이트 실버white silver로 이루어져 있다. 여기서 칠리 레드는 팬톤의 185C컬러로 채도 높은 선명한 톤이며 십자군 전쟁 시 잉글랜드의 성 조지의 십자가이자 영국인의 상징으로 사용되기도 했다. 유럽 국가에서 전통적으로 신성과 권위의 상징이었던 레드는(본문 〈전통과 권위 – 까르띠에의 딥 레드〉 참고) 성 조지의 붉은 십자가의 '희생'의 의미가 더해져 더욱 굳건히 이 민족의 정신을 대표하는 컬러로 자리매김했다.

이후 1854년 앤 여왕은 이 붉은 색을 영국 상선들의 깃발 컬러로 사용하도록 공표했으며, 레드 코트로 불리는 육군 제복에도 사용하도록 명령했다. 때문에 이 시기를 배경으로 한 많은 영화와 그림 속에서 영국 군인의 대명사와도 같은 레드 코트를 쉽게 찾아볼 수 있다. 하지만 1899년 보어 전쟁 참전 시, 눈에 잘 띄는 이 코트는 적에게 쉽게 표적이 되며 전쟁에서 큰 패배를 맞는다. 이후 영국군은 군복의 컬러를 보호색인 카키색으로 변경했다.

영국의 상징 '유니언잭', 레드 컬러의 이층 버스와 공중전화 박스

    이렇듯 오랜 시간을 함께해 온 레드는 전통을 중시하는 영국인들에게 민족 정체성의 상징이자 지켜나가야 할 유산으로 자리잡는다. 유난히 잦은 전쟁과 침략을 겪은 이 민족은 그들 스스로 혈통에 대한 자부심과 자긍심의 상징으로 레드 컬러를 꾸준히 사용해 오며 이는 시공간을 초월해 오늘날까지 계승되어 오고 있다.

    '유럽을 대표하는 나라, 해가 지지 않는 나라, 한때 여왕의 나라이자 디자이너들이 가장 사랑하는 나라, 전통과 혁신이 공존하

RED

는 나라.' 이는 모두 영국을 수식하는 표현이다. 전통적이면서도
현대적인 이 호기로운 레드는 앞으로도 영국을 대표하며 이를 사
랑하는 사람들의 마음속에 스며들어 이어질 것이다.

레드는 원색으로 심리학적으로도 신체에 큰 영향을 미친다. 따뜻하고 에너지 레벨이 높은 이 컬러는 열정과 사랑, 섹스, 용기와 혁명 등 육체적이고 물리적인 힘을 나타내기도 하고, 분노와 전쟁, 죄와 수치 등 부정적인 의미를 갖기도 한다.

패션

레드는 큰 주목성•을 불러일으키기에 자신을 돋보이고 싶은 자리에 의상이나 액세서리, 메이크업으로 활용하면 좋으며 이성의 관심을 끌고 싶을 때 가장 효과적인 색이기도 하다. 신체적, 감성적 에너지가 떨어질 때, 또는 동기 부여가 필요 할 때 활용하면 좋다. 하지만 지나치게 감상적이란 이미지를 심어줄 수 있으므로 때와 장소에 따라 톤이나 면적을 고려해 레드를 활용하는 것이 좋다.

인테리어

레드는 시각적 자극이 강한 컬러로 공간에서는 전략적으로 활용하는 것이 좋다. 패스트푸드 매장과 같이 사람들의 움직임이

•   컬러 자체가 자극이 강해 눈에 잘 띄는 성질

나 이동이 빨라야 하는 경우에는 레드가 효과적이다. 레드로 칠해진 공간에서 사람들은 시간이 빨리 지나가는 것처럼 인식되기 때문이다.

하지만 레드를 지나치게 넓은 면적에 강한 톤으로 사용하게 되면 시각적 피로도를 높여 질리게도 한다. 긴장을 풀고 쉬어야 할 공간에는 적합하지 않으며, 주변 환경에 따라 밝은 파스텔톤의 레드를 활용하는 것이 좋다.

제품, 브랜드

레드만큼 이 분야에 자주 사용되는 컬러도 없다. 레드는 즐겁고 화려하며 관능적이고 섹시하다. 또 미각을 자극하는 컬러로 뷰티, F&B를 비롯해 전 산업군에서 제품 그 자체와 패키지, 로고에까지 두루 사용한다. 하지만 현 시장에서 다양한 레드톤을 이미 선보였기에 다소 식상하고 진부해 보일 수 있다. 남다른 소재나 컬러 매칭, 타 산업군과의 협업을 통한 차별화로 새롭고 신선한 레드 이미지를 만드는 노력이 필요하다.

BLUE

파랑

이성적이고 중립적이며
깊고 넓은 컬러

"파랑은 깊어질수록 우리를 무한대로 이끌며, 순수 그리고
궁극적으로 초감각적인 것에 대한 그리움을 일깨운다."

바실리 칸딘스키, 화가

　파랑만큼 많은 이들의 사랑을 고루 받는 컬러가 있을까? 파랑
은 남녀노소를 불문하고 모든 지역에서 보편적으로 선호하며 폭넓
은 의미를 지닌 컬러다. 우리가 올려다보는 끝없는 하늘과 드넓은
바다의 색이 한결같이 푸르기에 변치 않는 가치를 상징하기도 하
고, 자연을 닮아 쉼과 힐링의 의미도 담고 있다. 또 신뢰감과 충실
함, 자신감 등의 긍정적 의미를 내포하고 있어 기업에서 선호하는
컬러인 동시에 조화와 평화를 의미하며 심리학적으로는 우리의 마
음을 안정시키고 이성적으로 사고하도록 돕는 중요한 컬러다.

　블루의 어원은 중세 영어 'bleu, blewe'에서 유래했으며, 이
는 자연 상태에서 깨진 얼음의 색으로, 지금 우리가 생각하는 블
루보다 훨씬 밝고 옅은 청회색 계열의 컬러를 뜻한다. 또 일본과
베트남을 비롯한 동양권 나라에서는 블루와 그린의 어원이 같으
며 이를 혼용해 사용했다. 우리나라 역시 '청靑'에 파랑과 초록을
포함했으며 때로 우리가 신호등의 초록불을 파란불이라 부르는
것도 이와 같은 이유에서다. 이렇듯 타 컬러 대비 구현이 어렵던
블루는 뚜렷한 이름 없이 사물의 이름으로 혼용되었으며 선명한
블루 컬러의 제조법이 안정된 후에야 비로소 컬러 이름으로 사용
되기 시작했다.

BLUE

고대 이집트에서는 하늘을 상징하는 블루를 신성시하며 왕의 장례용 가면과 조각에 사용했다. 그들은 청금석이라 불리는 준보석에서 추출한 안료로 컬러를 구현했으며 이는 매우 값비쌌다. 고대 로마 역시 블루를 사용했지만 블루에 대한 인식은 이집트인과 사뭇 달랐다. 그들은 짙은 남색인 인디고를 처음 사용했는데 이는 식물에서 염료를 뽑아 만들었으며 값이 저렴해 주로 노동자 계급의 의상 컬러로 사용되었다. 당시 대부분의 블루 컬러는 구현이 어려워 생소하다는 이유로 야만족의 컬러로 멸시받고 배척되기도 했다. 하지만 하늘을 닮은 청명한 블루만큼은 어느 시대, 어느 지역을 막론하고 신성한 의미로 사용되었으며 이는 비잔틴 문화에서도 마찬가지였다.

　　12세기에 이르러 '울트라마린'과 '코발트 블루'는 그간 유럽에서 부정적으로 인식되던 블루의 인식을 반전시킨다. 이는 종교와 연관되어 있는데, 가톨릭에서는 성당 내부의 그림 속 성모 마리아의 로브 컬러를 가장 값비싼 블루라고 알려진 울트라마린으로 채색하라고 명령했다. 이는 성모 마리아의 거룩함과 순결한 미덕을 기리기 위함과 동시에 가톨릭의 신성을 높이려는 의도였다. 원료를 해외에서 들여와야 했기에 값비싸고 사치스러웠던 울트라마린은 프랑스의 루이 9세에 의해 처음 왕의 의복 컬러로 채택되기도 한다. 이로 인해 블루는 그간의 부정적 이미지를 벗고 고귀함과 신성을 상징하는 긍정의 컬러로 재탄생하게 된다.

　　코발트 블루는 프랑스 파리 생드니 대성당의 스테인드글라스가 이 컬러로 제작되면서 크게 주목받기 시작했다. 당시 고딕 양식의 건축물은 창이 작고 벽이 높아서 성당 내부가 상당히 어두웠다. 하지만 생드니 대성당 너머로 쏟아져 들어오는 태양빛이 내부에 영롱하게 맺혀 신비롭고 경이로운 분위기를 자아냈다. 이후 "생드니 블루"라고도 불리던 코발트 블루는 파리의 샤르트르 대성당과 생트샤펠 성당을 비롯해 이 시기 파리 근교에 지어진 여러 성당과 교회의 스테인드글라스에 사용되며 칭송받는다.

17세기에 이르러 블루는 주로 군복 또는 유니폼 컬러로 사용된다. 이는 인디고 염료의 가격이 저렴해 경제적이었기 때문인데, 독일군은 제1차 세계대전까지 진한 블루 컬러의 제복을 입었으며 영국 해군 장교도 네이비 컬러 코트를 입었다. 18세기 후반에 이르러 프랑스 대혁명을 거치며 블루 컬러의 제복은 자유와 혁명의 상징이 된다.

19세기에 다크톤의 블루는 정부 공무원이나 경찰의 제복 컬러로 사용된다. 이는 안정적이고 진지하며 권위 있는 느낌을 주었기 때문이다. 1829년 최초의 런던 경찰의 경우 블랙에 가까운 남색 제복을 입었으며 이를 본떠 1844년에 설립한 미국 뉴욕시의 경찰국 역시 남색 제복을 입었다.

"어느 날 아침, 검은색 물감이 없던 우리 중 한 명이 푸른색을 사용했다. 그렇게 인상주의가 탄생했다"고 말한 르누아르의 말처럼 블루는 인상주의 화가에게도 매우 중요한 컬러였다. 빛의 순간을 화폭에 담았던 그들에게 그림자의 표현은 빛만큼이나 중요했기 때문이다. 그들은 그늘진 그림자 속에 보이는 수백 수천 가지의 컬러를 다양한 톤의 블루 컬러로 표현해 나갔다.

20세기 초 마티스, 피카소, 칸딘스키, 마크 로스코 등 많은 예술가는 컬러가 감정을 표현하는 도구라고 말하며 블루에 비극, 슬픔, 황홀함 등의 다양한 감정을 담아냈다.

이후 블루는 위협적이지 않으면서 권위 있는 까닭에 유엔, 유네스코, 유럽연합, 나토 등의 중요한 국제기구를 대표하는 컬러로도 사용되고 있다.

이렇듯 상징하는 의미와 그 위상의 변화를 거듭한 블루에는 인류의 역사와 문화가 투영되어 있다. 이번 장에서는 고귀하고 성스러운 성모 마리아의 로브 컬러인 울트라마린과 신뢰와 혁신의 상징인 삼성의 블루, 뛰어나고 월등한 조니워커의 블루라벨, 안정과 평온의 클래식 블루, 우울함과 슬픔을 예술로 승화시킨 피카소의 청색 시대를 통해 블루를 살펴보려 한다.

고귀한, 성스러운

성모 마리아의 울트라마린 로브

찬란하게 빛나는 울트라마린ultramarine(군청색)은 고귀하고 성스러워 보이기까지 한다. 맑은 하늘과 심해를 닮은 이 청명한 블루는 빛을 받으면 더욱 영롱한 빛깔을 뿜내기 때문이다. 사실 블루는 고대부터 자연물에서 만들어 재현하기 어려운 컬러였다. 대중들에게 처음 보급된 블루는 인디고indigo였는데, 인디고는 어둡고 탁한 블루로 값이 저렴하고, 때가 타도 잘 보이지 않으며, 세탁 시 물 빠짐에도 강해 당시 육체노동자들이 의복 컬러로 즐겨 사용했다. 이러한 연유로 인디고블루는 부유층에서는 선호하지 않는 기피 컬러였다.

하지만 오늘날 블루는 특정 톤을 떠나 전 세계 남녀노소를 불문하고 가장 선호하는 컬러로 손꼽는다. 이러한 혁명적인 인식의 반전에는 울트라마린이 있는데, 이 컬러는 어떻게 야만족의 컬러이자 기피 컬러였던 블루의 인식을 180도 반전시키며 그 위상을 드높일 수 있었을까?

라파엘로 산치오, 〈초원의 성모〉, 1506

중세 시대의 회화는 그 어느 시기보다도 컬러에 부여한 상징적 의미가 강했다. 때문에 컬러를 혼합하지 않고, 원색 그대로 채색했으며 작품 속 컬러 간의 균형을 중시했다. 이에 따라 공식과도 같이 예수는 붉은 계통의 옷을, 성모 마리아는 푸른 계열의 옷을 입는 것이 통념이었다. 또 죽은 예수를 애도하는 장면 속 성모 마리아는 거의 대부분 검푸른빛의 로브를 걸치고 있다.

하지만 13세기에 이르러 종교의 권력이 막강해지면서 가톨릭은 교회법에 따라 성모 마리아의 로브 컬러를 울트라마린으로 채색하도록 명령한다. 화사하고 청명하면서도 존재감이 넘치는 울트라마린은 고귀하고 성스러운 성모 마리아의 이미지를 극대화하기 충분했다. 또 벽이 좁고 창이 높은 고딕 양식의 어두운 성당 내부에 울트라마린이 채색된 그림들로 밝고 영롱하게 밝혔다.

더불어 코발트 블루cobalt blue의 스테인드글라스를 통과해 내부로 들어오는 푸른 빛줄기는 울트라마린과 만나 신의 영광과 자비, 은총과 은혜의 모습을 구체적으로 시각화했다. 코발트 블루 역시 울트라마린과 더불어 고딕 성당의 대명사로 손꼽히는 프랑스 생드니 대성당과 샤르트르 대성당의 스테인드글라스에 사용된 후 전 유럽에 급속도로 확산된다.

당시 울트라마린 안료는 청금석이라는 준보석을 갈아 만들었다. 이는 오늘날에도 킬로그램당 가격이 1500만 원에 달할 정도로 무척 고가인데, 원료인 청금석이 흑해, 인도양, 카스피해 등 유

울트라마린 안료의 원재료인 청금석과 천연 울트라마린 파우더

럽의 건너편에서 생산되었기 때문이다. 이렇듯 청금석에서 추출한
광물성 안료는 수백 년이 지나도 변색되지 않고 청명한 고유의 빛
깔을 유지하기에 오늘날까지 그 가치를 인정받는다. 이러한 연유
로 1826년 화학 안료를 통해 울트라마린과 유사한 코발트 블루가
개발되었음에도 불구하고 울트라마린의 독보적 가치는 오늘날까
지 지속되고 있다.

　르네상스 시대의 화가들은 가장 고급스럽고 값비싼 울트라마
린 컬러를 아껴두었다가 성모 마리아와 예수의 의복 컬러로 활용
하곤 했다. 당시 화가에게 그림을 의뢰할 때 작품에 사용할 울트
라마린 안료 비용을 따로 지불하기도 했다고 기록되어 있는데 화
가들은 금보다 비싼 울트라마린의 가격을 충당하지 못해 파산하
는 경우도 있었다.

미켈란젤로, 〈최후의 심판〉, 1535~1541

미켈란젤로가 시스티나 성당 벽에 그린 〈최후의 심판〉 전경

　　이후 울트라마린이 더 많이 칠해진 성화를 갖기 위해 왕과 귀족, 교회는 사치스러운 경쟁을 시작한다. 이는 피렌체와 밀라노 지역에서 두드러졌는데, 시스티나 성당 천장에 그려진 미켈란젤로의 프레스코화에는 모두 대량의 울트라마린 컬러가 채색되어 있다. 이 그림은 미켈란젤로의 천재적인 그림 실력과 더불어 빛나는 울트라마린으로 채색된 덕분에 오늘날 우리는 〈아담의 창조〉나 〈최후의 심판〉을 보며 변색 없이 그 시절, 그 감동으로 느껴볼 수 있다.

이후 〈진주 귀걸이를 한 소녀〉로 잘 알려진 요하네스 페르메이르와 빈센트 반 고흐 역시 이 청명한 울트라마린에 매료되었다. 그들은 울트라마린과 옐로의 보색 대비로 각자의 작품 속 고유의 분위기를 끌어나갔다. 하지만 경제적으로 넉넉하지 못해 값비싼 물감을 사기 어려웠던 그들은 각기 다른 방법으로 이 영롱한 푸른 빛을 화폭에 담았는데, 베르메르는 그림에 울트라마린과 납백색의 혼합물을 베이스로 바른 뒤 그 위에 순수한 울트라마린 안료를 얇게 펴 발라 색감을 표현했다. 이에 반해 빈센트 반 고흐는 울트라마린과 유사한 코발트 블루를 사용해 옐로와의 강한 보색 대비로 〈별이 빛나는 밤〉과 같은 명작을 탄생시킨 바 있다.

"코발트 블루는 신성한 색이다. 사물을 둘러싸고 있는
분위기에 이만큼 아름다운 것은 없다."

빈센트 반 고흐, 화가

오늘날 블루가 많은 이들에게 사랑받을 수 있는 이유는 시간의 흐름을 거슬러 변치 않는 빛깔을 지켜온 울트라마린이 전하는 가치 때문은 아니었을까? 고귀한 가치는 쉽게 만들어지지도 않지만, 쉽게 변하지도 않는 법이다. 덕분에 인류는 블루에 애정을 갖고, 더 많은 상징과 의미를 담아 다채로운 블루로 주변을 채우며 살아가고 있다.

신뢰와 혁신

삼성의 아이덴티티 블루

삼성만큼 블루를 사랑하는 기업이 또 있을까? 계열사의 로고부터 삼성전자의 모바일 기기와 노트북, 가전에 이르기까지 삼성에 관해 이야기할 때 과연 블루를 빼놓고 말할 수 있을까 싶다. 소위 삼성맨들은 피도 파랗다고 회자되는데, 이토록 블루에 대한 애정이 남다른 삼성은 이 컬러에 어떤 상징과 의미를 차용하고 있는지 알아보자.

미국 뉴욕의 타임스퀘어에도, 영국 런던의 피카딜리 서커스에도 푸른 물결로 애국심을 고양시키는 로고가 있다. 바로 대한민국의 대표 기업 삼성의 로고다. 해외 어디에서도 우리를 반갑게 만드는 삼성 로고의 블루는 중명도, 중채도 컬러로 "삼성 블루"라고 불린다. 일반적으로 블루는 사람의 감정을 차분하고 편안하게 만들며 두뇌의 활동을 활발히 하는 심리적 원색으로, 학업과 연구, 진취적이고 혁신적이며 미래지향적 이미지를 갖는다. 이러한

뉴욕 타임스퀘어를 블루로 도배한 갤럭시 S8 광고

이유로 다수의 기업은 물론 교육 기관의 로고에 두루 사용되는 컬러다. 또한 반도체나 로봇, 각종 IT 분야 등 기술지향적 사업군에서도 빠지지 않고 활용된다. 이러한 블루는 우리가 마주하는 드넓은 하늘과 바다의 컬러로 변치 않는 광대한 자연이 주는 안정과 신뢰, 불변과 충성 등의 상징과 의미가 기저에 깔려 있다.

삼성 블루 역시 이러한 신뢰를 바탕으로 한 혁신을 강조한 컬러로 현재의 로고는 1993년에 정립되었다. 당시 이건희 회장은 "아내와 자식 외에 모든 것을 다 바꾸자"라는 혁신을 강조한 신경영을 선포하며 현재의 로고 컬러와 디자인을 채택했다.

또한 삼성은 로고뿐 아니라 삼성전자의 다양한 제품군에서도 신뢰와 혁신의 블루 아이덴티티를 적극적으로 이어나갔다. 첫 블루 마케팅은 2005년으로, 당시 온통 까만 피처폰feature phone 시장에서 삼성전자의 세련되고 고급스러운 '블루블랙폰'은 전 세계 소비자의 이목을 끌며 출시 8개월 만에 500만 대 판매라는 놀라운 기록을 만들었다. 제품의 모델명으로도 사용된 '블루블랙' 컬러는

뉴욕 타임스퀘어를 블루로 도배한 갤럭시 S8 광고

1

2

1 삼성 갤럭시 S3 페블 블루
2 삼성 갤럭시 S5 일렉트릭 블루
3 삼성 갤럭시 S6 토파즈 블루
4 삼성 갤럭시 S9 폴라리스 블루
5 삼성 갤럭시 S20 아우라 블루
6 삼성 갤럭시 Z플립4 블루

3

4

5

6

BLUE

짙고 어두운 블루 베이스에 블루 펄이 섞인 컬러로 언뜻 보면 블랙과 비슷하나 제품의 모서리 부분에 블루 빛깔이 감돌아 제품의 깊이감과 고급스러움을 더했다. 피처폰은 블루블랙폰을 필두로 이후 전자제품의 이미지를 벗고 패션 아이템과 같이 개인의 개성과 취향을 적극적으로 반영해 형형색색의 컬러와 다양한 소재를 사용해 선보였다.

스마트폰 시대로 넘어와 삼성은 갤럭시 시리즈를 통해 컬러를 앞세운 감성 마케팅을 본격적으로 시작한다. 대부분의 경쟁사들이 제품의 성능과 기능에 초점을 맞추어 제품을 광고할 때 블루의 조약돌 콘셉트의 갤럭시 S3는 다시 한번 소비자들의 이목을 끈다. 조약돌을 닮아 모서리가 둥글고 부드러운 디자인에 덧입혀진 내추럴한 파스텔톤 블루는 '페블 블루pebble blue'라는 이름을 달고 출시되었다. 여기에 폰 화면에 민들레 홀씨를 날려 보내며 기능 이면의 소비자의 감성을 건드렸다.

이후 갤럭시 S4의 '아크틱 블루arctic blue'와 '엑티브 블루active blue', '일렉트릭 블루electric blue', 노트 2의 '토파즈 블루topaz blue', '블루 코랄blue coral', S9의 '폴라리스 블루polaris blue'에 이르기까지, 삼성은 신제품을 출시할 때마다 제품의 콘셉트와 소재에 최적화한 새로운 블루 컬러를 출시하고 있다.

모바일 기기뿐이 아니다. 노트북과 태블릿, 가전에 이르기까지 그들의 블루 아이덴티티는 이어지고 있다. 애플이나 다이슨과

삼성의 비스포크 라인 가전제품

달리 다양한 제품군을 제조하는 삼성은 컬러로 아이덴티티를 유지하는 것이 쉽지 않다. 때문에 주력 모델을 기준으로 한 다양한 블루 컬러의 변주로 블루 아이덴티티를 유지하고 있다. 같은 블루 컬러 안에서도 때론 밝게, 어둡게, 맑고 탁하게 명도와 채도의 차이는 있지만, 블루라는 커다란 틀 안에서 제품별 환경과 트렌드의 변화에 발맞추어 새로운 소재 또는 효과와 매칭해 새로우면서도 효율적으로 컬러를 운영하고 있다.

BLUE

　　블루 아이덴티티를 이어오던 삼성은 최근 가전에서 비스포크 라인을 중심으로 360가지의 컬러와 소재를 소비자의 취향에 따라 조합할 수 있도록 제공하고 있다. 이는 MZ세대를 타깃으로 한 새로운 컬러 전략으로 인테리어에 개인의 개성과 취향을 반영하도록 기존보다 화사하고 다양한 원색의 컬러군을 제안한 것이다. 또 각 패널을 고객이 원하는 소재와 컬러로 조합하도록 선택의 폭을 넓혔다.

오랜 시간 삼성과 함께해 온 블루는 트렌드에 따라 또 고객의 니즈와 시장의 상황에 따라 주기적으로 바뀌었지만 변화를 덧입으며 꾸준히 기업을 대표하는 컬러로 신뢰와 혁신의 상징을 이어나가고 있다. 이처럼 회사 또는 브랜드를 대표하는 아이덴티티 컬러는 브랜드의 성장과 함께 진화해 적재적소에 사용될 때 적정한 희소성을 지니며 그 가치를 이어나간다.

앞으로 삼성의 블루가 AI, 메타버스, NFT 등의 새로운 기술과 만나 온·오프라인의 경계를 넘나들며 어떻게 확장되어 선보여질지 몹시 궁금해진다.

비범한, 월등한, 뛰어난

조니워커의 블루라벨

'조니워커 블루라벨'. 위스키를 잘 알지 못하는 사람도 한 번쯤은 들어봤을 정도로 명성이 높다. 전 세계 200여 개국에서 판매되며 상당한 팬층을 확보한 이 브랜드는 존경받는 영국의 수상 윈스턴 처칠이 즐겨 마신다고 해서 더욱 유명세를 탔다. 조니워커는 라벨 컬러에 따라 서로 다른 풍미와 품질, 캐릭터를 갖는데 그중에서도 블루라벨은 최고급 프리미엄 라인업으로 맛과 향, 목 넘김 등 모든 면에서 독보적이다. 그렇다면 조니워커는 왜 많은 컬러 중에서도 블루라벨을 최고급 품질의 위스키에 부여했을까?

블루는 하늘과 바다의 색으로 자연환경에서는 쉽게 접하는 컬러지만 구현이 어렵고, 파란색을 띠는 생물이 많지 않아 '흔하지 않은, 비범한, 월등한' 대상으로 여겨져 왔다. 유럽에서 '블루 블러드blue blooded'는 흔치 않은 혈통, 즉 귀족을 뜻하며 프랑스의 루이 13세는 '로열 블루royal blue'의 망토를 즉위식에 입었고, 루이 14세는 이 컬러에 금색 실로 장식한 의복을 즐겨 입었다. 또 영국 최고의 권위를 갖는 가터 훈장 역시 같은 의미로 '블루리본blue ribbon'을 수여한다.[1]

조니워커의 블루라벨에도 이와 같은 블루의 '비범한, 월등한, 뛰어난' 의미가 담겨 있다. 특히 이 브랜드의 라벨 컬러는 최초의 컬러 마케팅 사례로도 손꼽히는데, 이는 1909년 존 워커의 손자 알렉산더 워커 2세가 위스키 맛을 라벨 컬러로 구분지어 판매하며 시작되었다. 당시 문맹률이 높은 사람들이 술의 이름을 읽지 못하는 것을 감안해 누구나 쉽게 식별하고 인지할 수 있는 컬러를 라벨에 적용한 것이다.

조니워커의 초기 라인업은 화이트, 레드, 블랙 3종으로 시작했는데 세월을 거쳐 블루, 골드, 그린, 더블 블랙이 추가되었으며 현재는 일곱 개의 정규 라인업을 유지하고 있다. 가장 기본적이고 대중적인 화이트 라벨은 현재 사라졌고, 위스키의 재료인 몰트의 풍미가 있는 레드, 스파이시하고 프레시한 향이 더해진 그린, 크림같이 부드러운 골드 리저브, 스모키와 바닐라, 과일 등의 복합적이면서도 향이 강한 블랙과 더블 블랙, 단연 최고의 프리미엄 라인인 블루로 구성되어 있으며 위스키 맛과 풍미, 제조 환경과 레시피 등을 컬러와 연관시켜 효율적인 컬러 마케팅을 펼치고 있다.

그중에서도 블루라벨은 세계 최고의 독보적인 맛과 퀼리티를 인정받아 스카치위스키계의 왕 중의 왕이라 불린다. 이는 2016

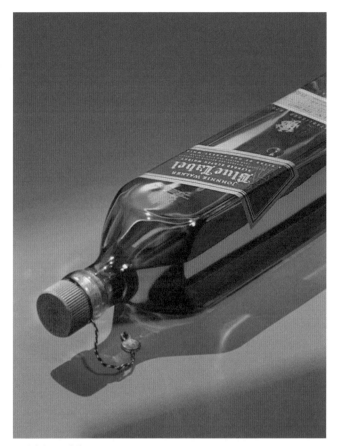

조니워커 블루라벨

년 국제위스키대회에서 올해의 마스터 블렌더로 선정됨은 물론
1992년 영국 왕실의 작위를 받기도 한 짐 베버리지가 만든 최초
의 위스키다.

1 우리나라 12간지를 붙인 한정판 조니워커 블루 '조디악 컬렉션'
2 한글과 자개 공예를 디자인에 활용한 조니워커 블루 '더 캐스크 에디션 부귀영화'
3 희귀 원액을 블렌딩한 푸른빛 디자인의 조니워커 블루 '고스트 앤 레어 피티바이크'

BLUE

위스키 병의 디자인 역시 매우 독창적이고 고급스럽다. 푸른 빛이 감도는 사각의 유리병은 바닥이 유난히 두껍게 디자인되어 위스키 원액이 공중에 떠 있는 듯 보이기도 하고, 얼음 속에 갇힌 듯이 보인다. 또 쉽게 넘어지지 않으며 묵직한 중량감을 지닌다. 이 사각의 보틀은 조니워커의 위스키가 한창 미국에 수출될 당시 디자인된 것으로, 선박에 실어 보낼 때 둥근 유리병이 굴러 쉽게 깨지는 것을 보완한 디자인이다. 게다가 둥근 병과 비교해 동일 면적당 보다 많은 위스키 병을 적재할 수 있다는 점에서 매우 효율적이기도 하다. 또 대다수의 둥근 병의 위스키 제품 가운데 조니워커의 각진 사각 보틀은 24도 기울어진 라벨과 함께 쉽게 눈에 띄는 시각적 차별화를 꾀한 점에서 매우 혁신적인 디자인 사례라 볼 수 있다.

조니워커 블루라벨은 다양한 에디션 제품을 출시하는 것으로도 유명하다. 지역 한정 제품의 경우, 우리나라에서는 12간지, 사신도, 서울 숭례문 에디션, 부귀영화 등 고유의 문화와 예술을 블루라벨 보틀에 담아낸 바 있다.

2011년에는 세계적으로 권위 있는 포르쉐 디자인 스튜디오와의 협업으로 '프라이빗 바'를 선보이기도 했다. 이는 전 세계 단 50점만 제작되었으며 심플한 외관 디자인에 고급 소재인 티타늄으로 마감해 기하학적이면서도 샤프하게 디자인을 완성했다. 보틀의 라벨과 같이 24도 기울여진 도어가 열리고 보이는 내부 공간은 짙은 컬러의 가죽과 메탈이 어우러져 묵직하고 고급스러운 분위기를 자아낸다.

또 2022년에는 현재는 존재하지 않는 증류소, 일명 고스트에서 만들었던 여덟 개의 희귀한 위스키 원액을 블렌딩해 만든 '블루 고스트 앤 레어 피티바이크'를 출시해 이목을 집중시키기도 했다.

희귀하고 독창적인 콘셉트의 블루라벨 제품들 역시 모두 블루 컬러 안에서 재구성되고, 제품 하나하나에 일련번호를 붙여 본사에서 관리하고 있다. 이처럼 장인들의 남다른 정성과 노력으로 탄생한 블루라벨은 앞으로도 다양한 문화적 콜라보를 통해 비범하고도 월등한 명맥을 이어나갈 것이다.

안정과 평온

2020년 팬톤의 클래식 블루

2000년부터 시작해 매년 11월쯤에 발표하는 팬톤Pantone의 올해의 컬러는 해마다 크고 작은 브랜드와 협업해 다양한 분야의 제품으로 선보여진다. 올해의 컬러는 선정된 컬러 자체도 중요하지만, 컬러가 선정된 이유를 알면 더욱 폭넓게 활용할 수 있고, 급변하는 트렌드의 방향도 파악할 수 있어 주목할 만하다.

2020년 올해의 컬러로 지정된 '클래식 블루classic blue'는 해가 진 하늘의 어스름을 표현한 컬러로 다소 평범해 보이기도, 지나치게 차분해 보이기도 한다. 팬톤의 부회장인 로리 프레스맨은 다음과 같이 클래식 블루를 소개했다. "올해의 컬러는 세계적인 분위기를 상징하는 색이어야 했다. 블루는 늘 차분함, 자신감, 연결된 느낌을 동시에 주는 색이다. '클래식 블루'는 불확실한 시대에서 견고한 안정감과 평온함을 상징하며 안정적 기반을 희망하는 우리의 필요에 부응하는 색이다."

2020년 올해의 컬러로 지정된 클래식 블루

2020년 우리의 소중한 일상을 송두리째 바꿔 놓으며 그 어느 때보다 우리를 불안과 공포에 떨게 만든 코로나19의 확산 앞에서 클래식 블루는 우리의 마음을 차분하고 안정감 있게 다독여 주었다.

클래식 블루는 올해의 컬러로는 처음으로 예술과 깊게 협업했다는 점에서도 주목할 만하다. 2015년 창립 이래 워싱턴 DC, 마이애미, 뉴욕을 기점으로 새로운 형태의 실험적 전시를 기획하는 아르텍하우스는 클래식 블루가 주는 심리적 안정감을 주제로 2020년 2월 '서브머지submerge(잠수하다)'라는 몰입형 인터랙티브 전시를 선보인 바 있다. 아트와 기술이 결합한 본 전시는 미국 뉴욕 첼시에 있는 170평의 커다란 전시장을 클래식 블루로 가득 채웠다.[2]

클래식 블루로 선보인 체험형 미디어 아트 '서브머지'

　　우주에서 발광하는 강렬한 빛, 깊은 밤 반짝이는 반딧불의 움
직임, 피어오르는 안개, 거대한 파도로 표현된 블루와 영상, 소리
가 함께 어우러져 공간을 가득 메웠으며 관람객의 움직임에 따라
영상 이미지가 반응하기도 했다. 관람객들은 시각과 청각, 촉각
과 미각에 이르기까지 다양한 감각으로 클래식 블루를 느끼고 빠
질 수 있었다. 산책하듯 전시장을 걸어 다니기도 하고, 기둥에 기
대거나 편안히 바닥에 앉는 등 각자 자연스러운 방법으로 전시를
즐긴 관람객들은 왠지 모를 위로와 감동에 눈물을 흘리기도 했다.

클래식 블루로 선보인 체험형 미디어 아트 '서브머지'

이렇듯 심리적 원색이기도 한 블루는 우리를 사색의 심연에 젖어
들게 하며 정서적 안정감과 평온으로 이끈다.

이밖에도 클래식 블루는 노루페인트와의 협업으로 페인트 컬
러로 개발되어 가구와 인테리어에 적용되었고, 뷰티 브랜드 VLD
와의 협업으로 아이라이너 컬러로 선보이며 많은 사람의 눈매를
장식하기도 했다. 또 남미의 감성을 담은 스니커즈 브랜드 카리우
마와 협업해 클래식 블루 컬러의 스니커즈를 선보이며 젊은 층에
게 큰 사랑을 받았다. 이밖에도 밀레니얼 세대가 선호하는 여행
가방 브랜드 어웨이, 마니아 층이 두터운 글로벌 스케이트 브랜드

글로브 등 힙한 브랜드와의 협업으로 그 어느 팬톤 컬러보다도 다양한 제품군에 적용되어 화제가 되었다.

유난히 클래식 블루가 다양한 분야에서 사랑받은 이유는 이 컬러가 주는 심리적 안정감과 평온함을 나누고 싶은 우리의 마음이 적극적으로 반영된 결과가 아닐까 싶다. 점점 더 불확실성이 커지는 시대를 살아가는 우리에게 다양한 분야에서 만나볼 수 있는 클래식 블루가 안정과 고요를 부르는 강력한 심리적 치료제가 되어주면 좋겠다.

우울, 슬픔

피카소의 청색 시대

푸른색으로 자신의 슬픔을 전한 화가가 있다. 무려 3년 동안 푸른색으로만 그림을 그렸던 이 화가는 우리에게 잘 알려진 큐비즘(입체파)의 창시자 파블로 피카소Pablo Picasso다. 자타공인 20세기 천재 화가로 평생 승승장구했을 것 같은 그는 왜 블루에 자신의 슬프고 우울한 감정을 담게 되었을까?

피카소는 1901년부터 1904년까지 "청색 시대blue period"라 불리는 기간 동안 푸른빛깔의 작품만을 그렸다. 이 시기의 작품들은 약간의 밝기 차이만 있을 뿐 블루 일색이다. 이 시기는 그의 전 생애 중 가장 어둡고 암울했던 때로, 절친 카사게마스의 죽음으로 시작한다. 훌륭한 예술가를 꿈꾸며 파리 몽마르트르 지역으로 이주한 피카소와 카사게마스는 가난하고 외로운 시절을 함께 의지한 둘도 없는 친구이자 예술적 동지였다. 하지만 사랑하는 여자로부터 거절당한 상실감으로 카사게마스는 스스로 목숨을 끊고, 그의 죽음은 피카소를 큰 충격에 빠트린다. 그는 아끼던 친구의 죽음을 화폭에 담으며 한동안 청색 물감만으로 작품을 이어나간다.

블루는 대표적인 한색으로 차갑고 딱딱하며 멀게 느껴지고 무심해 보이는 컬러다. 특히 피카소의 청색 시대에 쓰인 블루는 어둡고 탁해서 무겁고 부정적인 정서를 지니며, 가난하고 고단했던 노동자들이 주로 입던 인디고 계열의 컬러다.

친구의 죽음 이후에도 파리 화단의 냉대, 가난과 질병은 그의 생활을 더욱 암울하게 만들었고, 이런 그는 20대에 불안한 자신의 모습을 〈자화상〉이라는 작품에 담는다. 작품 속에서 그는 초점 없이 텅 빈 듯한 멍한 눈빛, 생기라고는 찾아볼 수 없는 창백한 피부, 경직된 표정과 자세로 정면을 응시하고 있다. 배경에 칠해진 탁하고 어두운 블루는 주인공의 심정을 반영하듯 한없이 멀고 차갑고, 냉담하고 관조적이다. 더욱이 이 작품은 화려한 붓질이나 장식 없이 오직 빛과 그림자만으로 표현해 인물의 표정과 무겁고 침울한 감정에 오롯이 집중하게 만든다.

이 시기에 그는 주로 일일 노동자, 배고픈 아이, 매춘부, 알코올 중독자 등 사회에서 소외되고 외면당한 사람을 주로 화폭에 담았다. 구부정한 자세와 무미건조한 표정은 그들의 삶의 무게와 애환을 느끼게 하며 극도로 제한된 청색은 피카소에게 있어 '우울함'의 상징이었다. 단순한 형태와 엄격히 제한된 컬러는 이 시기 그의 작품에서 두드러지는 특징이었으며 이는 1980년대 상징주

파블로 피카소, 〈자화상〉, 1901

BLUE

의 화가들 사이에서 자주 사용되었다.³

　청색 시대의 걸작이라 손꼽히는 〈인생〉은 슬픔과 더불어 미스터리한 느낌을 주는 작품이다. 인간의 탄생과 어머니의 모성애, 연인과의 사랑 등 삶의 순간들을 고독과 슬픔, 고통의 모습으로 표현했다. 또 그는 주인공의 얼굴에 그리운 친구인 카사게마스의 얼굴을 그려넣어 추모의 마음을 표현하면서 삶의 근원적인 질문을 던진다. 이것으로 그의 청색 시대는 막을 내린다.

　이후 행복한 장밋빛 시대, 아프리카 미술에 빠져 있던 흑색 시대를 거쳐 자신만의 독창적 세계를 구축한 큐비즘에 이르기까지 피카소 일생 전반을 비추어 볼 때 컬러는 그에게 감성을 전하는 상징적이며 강력한 시각 언어였다. 청색 시대의 블루는 우울함과 슬픔을 상징하지만, 그가 이 시기 자신의 한계를 극복하고 미술사에 길이 남을 거장으로 도약하고 성장했다는 측면에서는 이를 우울함과 슬픔 너머의 또 다른 희망을 불러온 블루로 볼 수도 있겠다.

　"예술가는 그 감정이 하늘에서 오건 땅에서 오건 종이
　조각에서 비롯하건, 아니면 지나가는 사람이나 거미줄을 보고
　느끼는 것이건 간에 모든 종류의 감정을 담는 그릇이다."

파블로 피카소, 화가

파블로 피카소, 〈웅크린 여인〉, 1902

짙은 감성을 적극적으로 표현하던 이 천재 화가는 92세의 나이로 눈을 감기까지 15만여 점이라는 다작을 남긴다. 그림은 물론 조각, 도자기, 판화에 이르기까지 다양한 작품을 남겼는데, 여기에는 평생 새로운 도전을 서슴지 않던 그의 열정과 창조에 재창조를 거듭했던 지치지 않는 열정과 노력이 녹아 있어 피카소는 진정 세기를 대표하는 예술가임을 증명한다.

파블로 피카소, 〈인생〉, 1903

　당시에는 주목받지 못했던 피카소의 청색 시대의 작품들이 현대에 들어 재조명되며 고가에 거래되는 것을 보면, 우울함과 슬픔을 담은 피카소의 블루에는 그 시절 그가 끈질기게 잡고 있던 희망과 예술에 대한 열정이 오늘날 우리에게도 전해지기 때문이 아닐까 싶다. 슬픔을 넘어 희망과 성장이라는 잔향을 남긴 피카소의 블루는 이러한 의미에서 끝이 아닌 또 다른 시작이 된다.

블루는 국가와 지역을 뛰어넘어 많은 사람이 선호하는 컬러기에 가장 광범위하게 활용할 수 있다. 심리적으로는 우리의 정신을 안정시키고, 감정을 차분하게 만들며, 보다 이성적으로 사고하도록 돕는다.

패션

블루는 제복이나 교복, 남성의 양복 컬러로 오랜 시간 동안 무난하게 사랑받아 왔다. 특히 다크한 블루의 경우, 신뢰와 성실, 믿음직한 이미지를 심어주기에 중요한 계약이나 회의 시 복장에 참고하면 좋다. 또 밝은 블루의 경우, 맑고 깨끗하며 침착한 이미지가 있어서 면접 시 매우 유용한 컬러다. 하지만 지나치게 블루를 많이 사용하면 차갑고 딱딱하며 무심해 보일 수도 있으니 타 컬러와 적절한 배색이 필요하다.

인테리어

다크한 블루는 침실에 사용하는 것이 좋다. 이는 블루가 우리의 긴장을 완화시키고 스트레스도 해소하며 숙면을 돕기 때문이다. 또 집중력을 높이고, 창의적인 사고를 돕는 효과도 있어서 아이의 공부방이나 서재에도 적합하다.

다만 원색의 밝은 블루의 경우, 각성의 효과가 있으므로 휴식을 위한 공간에는 적절하지 않다. 지나치게 추운 공간에 블루를 사용할 경우 더욱 차갑고 추운 느낌을 주며, 식욕을 떨어트리기도 하기에 부엌에도 적절하지 않다.

기업, 브랜드

기업과 브랜드 로고를 대표하는 컬러로 블루는 가장 선호되는 컬러다. 특히 신뢰와 믿음을 기반으로 하는 금융, 전자 분야는 물론 기술 주도의 반도체, 자동차, IT 회사들은 대부분 로고에 블루를 사용하고 있다. 또 조니워커와 같이 한 회사에서 여러 제품군을 선보이는 경우에도, 대부분 가장 우수하고 뛰어난 등급의 제품에 블루 컬러를 사용한다.

GREEN

초록

생명의 탄생에서 죽음까지
대자연의 시작과 끝이 담긴 컬러

> "친애하는 친구여. 모든 이론은 회색빛이지만,
> 인생의 황금 나무는 초록이라네."

요한 볼프강 폰 괴테
작가, 철학자, 과학자

봄은 늘 연둣빛으로 시작된다. 긴 겨울 혹독한 추위와 어둠 속에서 한껏 움츠리고 있던 나무와 풀이 두툼한 옷을 벗고 소중히 품고 있던 생명력을 조그마한 새순에, 잎사귀에, 꽃 봉오리에 조심스레 펼쳐낸다. 갓 솟아난 생명은 한없이 부드럽고 연약해 보이지만 그 속에는 강인한 에너지를 품고 있어 자연의 신비로움과 더불어 근원적인 역동성을 갖는다. 그렇게 우리는 그린으로 새로운 생명을, 봄을, 생동감을 마주한다. 그 때문일까. 이 컬러에는 자연, 생명, 성장, 건강, 젊음, 봄, 번영, 안전 등의 의미가 함축되어 있다.

우리를 둘러싼 자연에서 가장 쉽게 접하게 되는 그린은 우리가 볼 수 있는 가시광선 스펙트럼의 한 가운데 위치해 시각적으로 편안하고, 긴장을 완화하며, 중립적이어서 조화와 균형을 나타내는 색이다. 하지만 곰팡이나 맹독, 죽은 동물의 사체에서 보이는 특유의 탁한 녹색 빛은 죽음의 그림자를 대변하기도 하고, 마녀와 괴물 등 부정적인 존재에 대한 상징도 지닌다.

그린의 어원은 고대와 중세 영어단어 'grene'에서 유래한 것으로 풀grass, 성장growth과 같은 어근을 지닌다. 또 고대 중국, 태국, 일본, 베트남을 비롯한 일부 지역에서는 그린과 블루를 동일

GREEN

한 단어로 사용하기도 했다. 이와 같이 지역에 따라 그린을 구분하는 컬러 영역은 조금씩 차이가 있는데, 유럽에서는 다소 연둣빛에 가까운 컬러 영역을 그린이라 칭하는 반면, 그 외의 지역에서는 청록색에 가까운 컬러 영역을 그린으로 불렀다.

고대 이집트에서는 그린을 매우 긍정적인 의미로 사용했는데, 주로 환생과 번영, 건강을 의미했다. 척박한 사막의 환경에서 나일강의 범람으로 비옥해진 토양은 다양한 초록빛의 작물들을 성장시켰기 때문이다. 또 그들은 이 색이 악으로부터 자신을 보호한다고 믿었기에 눈 주변에 그린 컬러의 물질을 덧바르기도 했다.

고대 로마인 역시 그린을 사랑했다. 그린 컬러는 미의 여신인 비너스를 의미했으며, 2세기에 이르기까지 회화와 모자이크, 공예품에 다양한 톤의 그린을 사용했다. 또 라틴어에는 그린을 칭하는 단어가 열 가지나 사용된 바 있다.

중세 시대에 이르러 그린은 상인이나 은행가, 주로 부유한 상류층들이 즐겨 입는 의복 컬러였는데, 얀 반 에이크의 〈아르놀피니 부부의 초상〉에서 신부가 입은 드레스가 대표적인 예다. 하지만 당시 그들이 사용한 그린 안료는 질이 좋지 않아 쉽게 변색이 되곤 했다.

18세기에 이르러 그린은 산업혁명에 대조되는 자연의 컬러로 낭만주의 예술가에게 많은 사랑을 받았다. 특히 19세기 후반에는 체계적인 색채 연구가 이루어졌는데, 컬러의 보색 관계에 대한 이론이 정립되면서 화가들은 그린과 레드, 옐로와 블루 등과 같은 다양한 보색의 컬러를 작품에 사용했다. 그중에서도 그린과 레드의 보색은 신호 체계에도 적용되었는데, 안전을 의미하는 그린과 위험을 의미하는 레드 램프를 사용한 최초의 신호등이 1868년 런던 국회의사당 앞에 설치되었다.

20세기에 이르러 그린은 다소 정치적인 성향을 띤다. 1980년 그린은 여러 유럽 국가에서 공산주의에 반하는 녹색당을 의미했으며 환경 운동의 상징이 되기도 했다. 또 그린은 많은 이슬람 국가의 국기 색으로도 사용된다. 그들에게 그린은 가장 신성한 컬러로 낙원, 유토피아를 의미한다.

이번 장에서는 편안한 휴식과 쉼이 되어주는 스타벅스의 그린과 도전과 모험의 상징이 된 보테가 베네타의 페러킷, 뮤지컬 〈위키드〉 속 초록 마녀와 나폴레옹을 죽였다고 알려진 셸레 그린을 만나보자.

휴식과 쉼

스타벅스의 그린

하루에도 두세 잔씩 커피를 마시는 현대인에게 스타벅스Starbucks
는 매우 친숙한 브랜드다. 세계 어느 나라를 가도 그린 컬러의 세
이렌seiren 로고를 쉽게 찾아볼 수 있는데, 이는 스타벅스가 80여
개 나라에 약 3만 2천 개의 매장을 운영하고 있기 때문이며, 국내
에서도 커피 업계의 약 60퍼센트를 점유하고 있기 때문이다. 언
뜻 보기에 여인의 모습으로 묘사된 그린 컬러의 세이렌과 로고는
커피와 크게 연관성이 없어 보이는데, 스타벅스의 로고는 어떻게
탄생하게 되었을까?

왕관을 쓴 여인 정도로 보이는 스타벅스의 세이렌 로고에는
재미있는 이야기가 담겨 있다. 고대 그리스 호메로스의 《오디세
이아》에도 등장하는 세이렌은 매혹적인 노래를 불러 바다를 건너
는 사람들을 홀려 빠져 죽게 만드는 치명적 매력의 팜므파탈로 그
려진다. 구스타프 클림트, 존 윌리엄 워터하우스 등 여러 화가들

2011년에 창립 40주년 기념으로 바꾼 로고

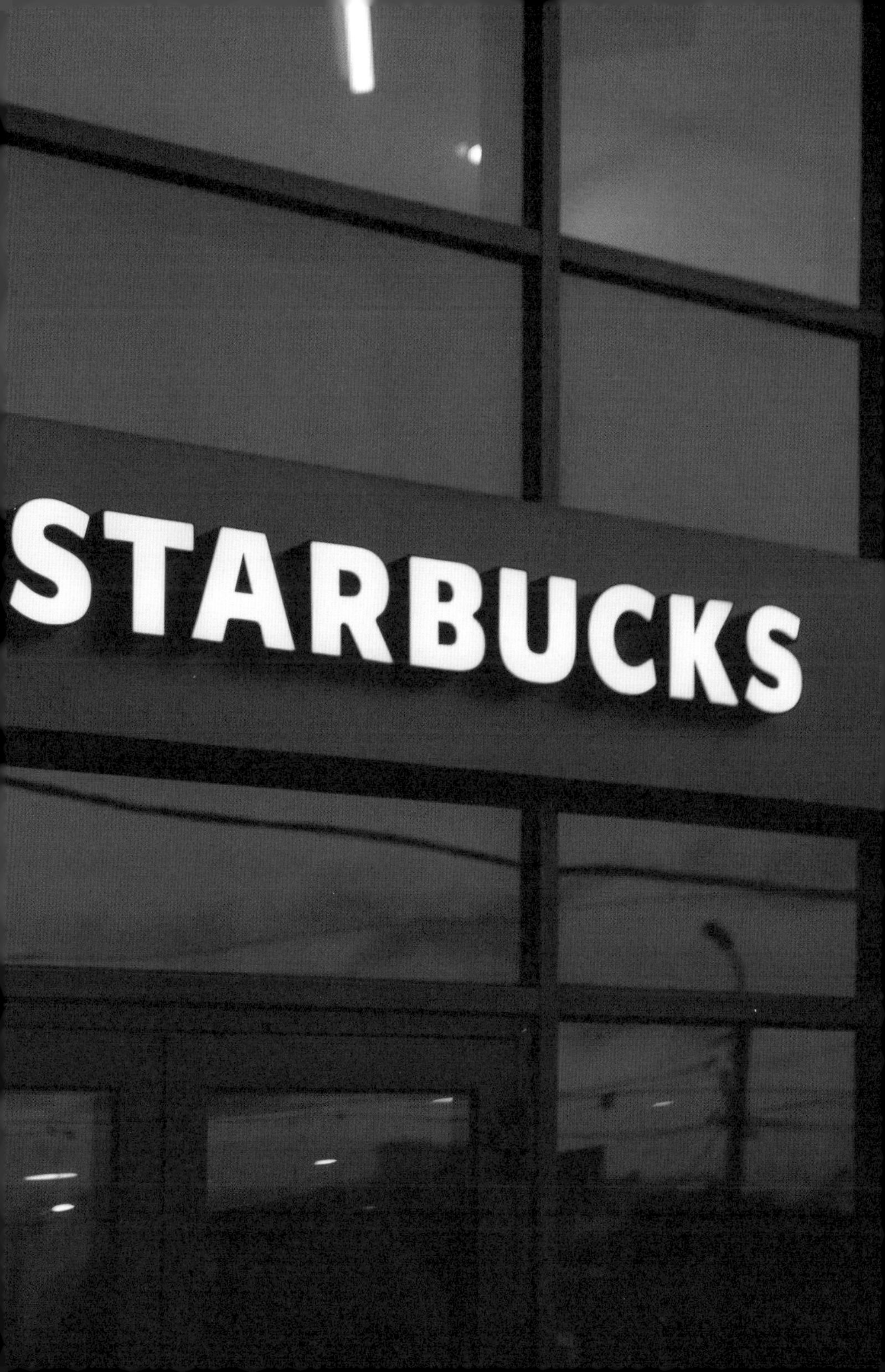
STARBUCKS

의 작품 속에도 심심치 않게 등장하는 님프는 아름다운 유혹이라는 소재로 많은 예술가에게 영감의 원천이 되었다. 특히 프레드릭 레이튼의 작품 〈어부와 세이렌〉에서 관능적이고 에로틱한 세이렌의 모습을 무척 잘 표현했는데, 젊은 어부의 어깨에 매달려 긴 머리칼을 드리우고 귓가에 부드럽게 노래를 속삭이는 듯한 모습을 보면 저 유혹을 뿌리칠 사람이 과연 몇이나 될까 싶다.

스타벅스 초기 창업자들은 이 브랜드가 세이렌의 거부할 수 없는 매력을 닮기를 바라며 로고에 사용했다. 하지만 그 시절 사용하던 로고 디자인은 오늘날과 같이 도식화된 모습이 아닌 매우 사실적으로 묘사한 도안으로 커피를 연상시키는 브라운 컬러로 그려져 현재의 모습과는 확연히 다르다. 미국 시애틀에 있는 스타벅스 1호점에는 현재까지도 초기 로고를 그대로 간판에 사용하고 있으며, 그 매장에서만 판매하는 굿즈가 있어 스타벅스 마니아라면 한 번쯤 들러 봐도 좋은 추억이 될 것이다.

초기 스타벅스의 로고는 양 꼬리를 들고 있는 다소 선정적인 세이렌의 자세에 대한 지적과 새로운 디자인 트렌드 반영 등의 이유로 총 세 번의 디자인 변경을 감행해 창사 40주년을 맞은 2011년부터 현재 우리가 보는 디자인의 로고를 사용하고 있다. 로고의 컬러 또한 브라운에서 그린과 블랙, 그리고 그린 컬러 단독으로 변경되었는데, 이는 휴식과 쉼을 제공하고자 한 스타벅스의 브랜드 철학 및 사업 전략과도 연계되어 있다.

스타벅스 로고 변천사

　　원두 본연의 맛과 향에만 집중하던 스타벅스는 현대인들에게 직장과 집의 속박에서 벗어나 편안하고 언제든 머물고 싶은 '제3의 공간'을 제공하는 콘셉트를 그들의 사업 전략으로 설정한다. 이에 따라 휴식과 쉼, 편안함의 상징인 그린을 메인 컬러로 지정하고, 블랙을 더해 로고의 주목성을 높였다. 이후 그래픽 디자인 트렌드에 따라 스타벅스의 로고 디자인은 점점 더 단순해지는데, 세이렌의 형태는 간결해지고, 문구는 모두 제외되었으며 컬러 역시도 그린 단일 컬러로 변모한다. 이는 소비자가 그린 컬러만으로도 어디서든 스타벅스를 연상할 수 있다는 확신에서 비롯되었으며 브랜드와 로고와의 연계성도 탄탄했기 때문이다.

　　매장에 들어와 주문하고 커피를 마시는 모든 행위와 과정, 이를 수반하는 공간 전반에 그들의 철학을 녹여냈던 스타벅스는 로고만큼이나 매장의 인테리어, 패키지, 아이템은 물론 홈페이지와 앱에 이르기까지 전 부문에 걸쳐 그들의 아이덴티티 컬러를 잘 활용하고 있다.

매장 인테리어의 경우, 스타벅스는 그린을 5퍼센트 정도의 비율로 사용하고 있다. 단독으로 사용했을 때 다소 지루해 보일 수 있는 그린의 단점을 보완해 우드와 메탈 같은 자연 소재에서 느껴지는 부드러운 톤의 브라운 컬러를 매치한다. 최근에는 인테리어 트렌드에 발맞추어 아치형 모서리에 골드 띠를 두르거나 파스텔 핑크를 접목해 매장별로 작은 차별화를 꾀하고 있다. 하지만 언제나 5퍼센트의 그린 컬러의 비중은 일관되게 지키고 있어 소비자에게 이곳이 스타벅스의 매장임을 인식시킨다.

또 스타벅스는 봄에는 벚꽃, 여름에는 열대 과일, 가을에는 호박, 겨울에는 크리스마스 등 계절별로 특색 있는 음료 메뉴를 한정적으로 출시해 파스텔 핑크, 옐로, 블루, 오렌지, 레드 등 계절 분위기에 맞는 패키지와 굿즈, 소품과 데코 등에 변화를 준다. 이 밖에도 국내의 경우, 음료 외에 굿즈로도 상당한 판매 수익을 내고 있다. 구매를 위한 사전 예약은 물론 중고 사이트에서도 높은 가격으로 거래되는데 텀블러와 컵, 다이어리, 아이스 박스, 랜턴, 우산 등 품목도 다양하며 유명 브랜드와의 컬래버레이션 제품도 선보여 소비자의 관심과 기대를 모은다.

창업자의 질 좋은 품질의 커피를 향한 열정으로 시작한 스타벅스는 커피를 넘어서 새로운 문화와 라이프 스타일로 자리 잡았다. 기업 혁신의 성공적 사례로 빠지지 않고 등장하는 스타벅스.
그들의 그린 컬러는 편안하고 잔잔하게 우리의 삶 속에 스며들어
있다.

도전과 모험

보테가 베네타의 페러킷

보테가 베네타Bottega Veneta는 주로 가죽을 활용한 가방과 지갑, 벨트, 액세서리를 만드는 이탈리아의 명품 브랜드다. 특히 "인트레치아토"라고 불리는 이 브랜드의 시그니처 패턴은 이탈리아어로 '짜다, 엮다'라는 뜻으로 브랜드 초창기부터 장인의 손으로 부드러운 양가죽을 하나하나 엇갈려 만든다. 직물과 같은 직조 모양으로 독특한 외관뿐 아니라 내구성도 강화시켜 주기 때문에 이는 개성 있고도 견고한 제품을 만들어 내는 보테가만의 혁신적인 가죽 가공 기법이자 아이덴티티로 유명하다.

하지만 오랜 시간 같은 패턴의 제품을 생산하다 보니, 패턴과 제품은 물론 브랜드마저 올드하고 진부해 보인다는 의견이 분분했다. 이에 2018년 그들은 새로운 변화와 혁신의 바람을 불러일으키고자 영국 출신의 패션 디자이너 다니엘 리를 크리에이티브 디렉터로 세운다. 그는 브랜드 이미지의 혁신을 위해 인트레치아토 기법은 유지하되, 패턴의 스케일과 소재, 컬러를 과감하게 바

2022년 설날을 기념하여 보테가 베네타가 중국 만리장성에 설치한 대형 스크린

꾼다. 그중에서도 '페러킷parakeet'이라는 이름의 그린은 대중들의
이목을 단번에 집중시키며 지속적으로 사랑받았는데, 파격적이기
도하고 생소한 이 그린 컬러에는 어떠한 스토리가 담겨 있을까?

　　'보테가 그린bottega green'이라는 신조어가 생길 정도로 이슈의
중심에 선 이 컬러는 밝고 선명한 원색의 그린으로 그동안 보테가

가 선보여 온 브라운, 네이비, 블랙과 같이 짙고 묵직한 중저채도의 컬러들과는 사뭇 다르다. 생명력 있는 그린이 갖는 성장 에너지와 지속 가능성sustainable 트렌드를 바탕으로 한 친환경적인 이미지가 더해진 페러킷 그린은 젊고 혁신적이며 파격적이면서도 긍정적이란 점에서, 보테가 베네타의 이미지 쇄신에 최적의 컬러로 활용된다.[1]

　또 다니엘 리는 이 참신한 그린 컬러로 수많은 도전과 모험의 작업을 이어나간다. 그는 인트레치아토 패턴의 스케일을 과감하게 키움과 동시에 마감 방식과 소재에도 변화를 주어 현재 가장 큰 사랑을 받고 있는 '카세트 백cassette bag'을 탄생시켰다. 트렌디한 이 가방은 여성용 크로스 백으로 가죽 제품과 패브릭 제품으로 나뉜다. 소재별 가공방식과 장식이 다르며 그 모양만 해도 수십 개가 되지만, 최대 열 개의 폭넓은 컬러 옵션 가운데 가장 사랑받는 컬러는 '페러킷(그린)'이다.

　이렇듯 제품에 다양한 컬러를 선보이는 것이 사실 브랜드 입장에서는 부담되는 일이다. 실제 팔리는 컬러는 한정적이고, 재고로 쌓일 수 있기 때문이다. 그럼에도 불구하고 브랜드에서 이처럼 다양한 컬러의 제품을 선보이는 이유는 제시하는 컬러만큼 그들이 추구하는 감성과 철학을 함축적으로 담아낼 수 있는 시각 언어가 없기 때문이다. 감성에 민감한 브랜드일수록 컬러는 반드시 숙고해야 할 중요한 요소다. 다니엘 리는 페러킷이라는 강렬한 시각 언어로 카세트 백은 물론, "만두 백"이라고 불리는 클러치 백 그리고 각 백에 걸맞는 의상까지 연결해 선보이며 보테가 베네타의 대변신을 성공적으로 디자인했다고 평가받는다.

2021년 10월 서울의 한 호텔에서는 보테가 베네타의 조금 색다른 전시가 열렸다. 배우 고현정을 비롯해 국내외 유명인이 다수 방문한 이 전시는 호텔 외부의 주차 공간에 마련되었으며 '더 메이즈THE MAZE', 미로라는 이름의 거대한 설치물이었다. 다니엘 리가 새롭게 고안한 고객과의 소통의 장으로, 금속 철망을 세워 만든 거대한 녹색 삼각형 구조물로 이름 그대로 미로다. 그가 새로이 디자인한 보테가 베네타의 삼각 로고를 본떠 만든 이 구조물은 좁은 통로들을 통과해야 가장 안쪽에 있는 히든 룸으로 들어갈 수 있다. 한 사람이 겨우 들어갈 만한 이 좁은 공간에는 신제품에 대한 소개나 어떠한 오브제도 없이 부드럽고 폭신한 인조모피가 이곳을 가득 메우고 있었다.

온통 페러킷 그린으로 칠해진 메시 소재, 미로라는 구조, 메탈 지지대의 차가움과 히든 룸의 부드러운 퍼 소재가 그간 그가 보여준 도전과 모험이라는 새로운 브랜드 철학을 다양한 감각으로 표현하고 있어 인상적이었다. 신제품을 전혀 선보이지 않았음에도 보테가 베네타의 새로운 컬렉션에 더 큰 관심과 흥미가 생겼다는 점에서 창조적이며 새롭고 예술적인 소통 방식이었다고 생각한다. 새로운 방법으로 그린 컬러 마케팅을 이어나가는 보테가 베네타는 트렌디한 감성으로 그 어느 때보다 전성기인 '뉴 보

보테가 베네타의 거대한 미로 '더 메이즈'

GREEN

테가' 시대를 맞고 있다.

　컬러는 한 브랜드의 이미지와 캐릭터를 송두리째 바꿀 수 있는 강력한 힘을 갖는다. 이는 브랜드뿐 아니라 우리 개개인에게도 마찬가지다. 우리도 때론 과감하고 도전적인 컬러를 활용해 삶 속에서 긍정적이면서도 혁신적인 변화의 계기를 맞이해도 좋겠다. 컬러 하나가 당신이라는 브랜드를 더욱 특별하고 매력적으로 만들어 줄 수 있으니 말이다.

마녀, 마술, 괴물

〈위키드〉의 초록 마녀

뮤지컬 〈위키드Wicked〉는 미국 브로드웨이에서 〈오페라의 유령〉, 〈라이온 킹〉과 함께 빛나는 흥행 성적으로 많은 이들에게 사랑받는다. 창의적인 주제와 환상적인 무대 연출로도 인정받는 〈위키드〉는 무대와 포스터에서 그린 컬러가 특히 돋보이는데, 숱한 동화와 게임 속 마녀와 사악한 존재들은 왜 그린 컬러로 묘사되는 것일까.

그레고리 맥과이어의 소설 《위키드》를 원작으로 한 이 작품은 우리가 잘 알고 있는 《오즈의 마법사》의 숨겨진 비하인드 스토리를 들려주어 흥미롭다. 동화 속 착한 공주가 아닌 사악한 서쪽 마녀를 주인공으로 해 그에게 어떠한 사연이 있었는지, 왜 사악한 마녀가 되어야 했는지에 대해 이야기를 풀어 나가 주제가 참신하고, 선과 악의 기준에 대해서도 다시 한번 생각해 보게 만든다. 또 어두운 분위기의 원작과는 다르게 화려하고 다채롭게 연출된 무

GREEN

뮤지컬 〈위키드〉 포스터의 상징적인 이미지

대와 배우들의 폭발적인 가창력은 많은 볼거리를 제공한다. 특히 노래 가사 속에 담긴 마녀 엘파바의 깊은 고뇌는 그동안 우리가 접해온 지극히 미화되고 아름다우며 뻔한 이야기보다 현실적이기에 우리는 그의 목소리에 더욱 귀 기울이고, 공감하게 된다.

극에서는 엘파바의 피부색과 옷차림 그리고 모든 마술사가 가고자 하는 환상적인 에메랄드 시티 모두 그린 컬러로 그려진다. 피부색으로는 상당히 이질적인 그린 빛의 피부를 타고난 그는 그의 어머니가 누군가 전한 녹색 병에 든 액체를 마시고 임신했다고

다채로운 그린의 스펙트럼을 볼 수 있는 뮤지컬 〈위키드〉의 무대

전해진다. 여기서 그린은 마녀, 마술, 알 수 없는 존재에 대한 막연한 두려움 등의 부정적 의미로 사용된 것으로, 그 이면에는 종교적인 이유가 있다. 12세기부터 무슬림과 대립이 심했던 서구 사회에서는 그린을 신성시하는 무슬림에 대한 반감으로 이 컬러를 부정적 의미로 사용했다. 때문에 그 당시 쓰여진 다수의 문학 작품과 그림에서는 악마나 마녀, 괴물과 같은 존재들을 그린으로 묘사했으며 이는 오늘날까지 이어져 오고 있다.

GREEN

하지만 뮤지컬 〈위키드〉에서는 다양한 효과와 연출로 마법사들의 성지 '에메랄드 시티'를 통해 부정적이기만 하던 마녀, 마술 세계를 긍정적이고 신비로우며 생동감 있게 탈바꿈시켰다. 경쾌한 리듬의 〈단 하루one short day〉를 부르며 에메랄드 시티에 입성하는 엘파바와 글린다, 두 주인공을 통해 우린 온통 그린 컬러로 빛나는 새로운 세계에 마주하게 된다. 밝고 화려한 조명과 연둣빛에서부터 청록에 이르기까지 다채로운 그린의 스펙트럼은 무대 전체를 아우르며 등장하는 인물 하나하나의 화려한 의상과 소품에 드리워 우리의 눈과 귀를 압도한다.

주인공 엘파바는 이곳에서 처음으로 소속감을 느끼게 되는데, 여기에는 자신의 피부색과 같은 그린 컬러의 향연이 주는 시각적 동질감이 크게 작용한다. 무대 속 에메랄드 시티는 그간 우리가 접한 괴기스럽고 흉측한 마술 세계가 아닌 누구나 한 번쯤 가보고 싶은, 색다른 마술 세계에 대한 환상을 밝고 경쾌한 톤의 그린으로 시각화해 새로운 이미지로 선보인다.

뿐만 아니라 다채로운 볼거리를 제공하는 〈위키드〉는 54번이나 바뀌는 무대 디자인과 250벌의 다양한 의상을 선보이는 가운데 뮤지컬이 갖는 공간적 제약을 뛰어넘으며 우리의 눈을 즐겁게 한다. 또 이 뮤지컬에서 빼놓을 수 없는 바로 그 노래, 〈중력을 벗어나defying gravity〉가 있다. 이는 엘파바가 자신을 가두던 모든 제약에서 벗어나 자유로워질 것을 다짐하며 부르짖는 곡으로 언제

들어도 우리의 마음을 움직인다.

"내 안의 무언가가 달라졌어. 무언가가 예전 같지 않아.
망설이기엔 이미 늦었어. 이제 내 직감을 믿어야 하는 거야.
눈을 꼭 감고, 날아올라… 이제 중력을 거스를 때가 왔어.
난 이제 중력을 거스를 거야. 너도 나를 막을 순 없어"

자유를 꿈꾸는 엘파바의 노래를 듣다 보면, 우리 역시 경험한 인생의 높고 낮은 장벽과 장애물들이 떠올라 서쪽의 녹색 마녀에 게서 나의 모습을 발견하기도 한다. 마음이 위축되는 어느 날, 당차고 용감한 그의 목소리가 전하는 〈중력을 벗어나〉와 기존의 부정적인 이미지를 과감히 벗어던진 환상적인 그린의 향연이 이 글을 읽는 당신에게도 위로와 용기를 전해줄 수 있으면 좋겠다.

독, 독약

나폴레옹을 죽인 셸레 그린

게임이나 만화, 애니메이션에서 독약, 독극물은 주로 그린 컬러로 그려진다. 그린 컬러의 해골 그림이나 해골이 그려진 녹색 병에는 어김없이 불길한 느낌의 독극물이 들어 있다. 또 독약뿐 아니라 감염, 중독, 마비 같은 이상 상태를 나타낼 때 주로 그린을 사용하곤 하는데, 그린과 독은 무슨 관계가 있을까? 그 이유는 바로 역사 속 많은 사람을 고통스럽게 만들었던 '셸레 그린Scheele's green'에서 찾아볼 수 있다.

나폴레옹을 죽음으로 내몬 대상이 셸레 그린이라는 이야기는 우리를 무척 의아하게 만든다. 세계를 제패한 영웅이 컬러 때문에 목숨을 잃다니, 이 어이없는 사건의 전모는 바로 그린을 만드는 안료 속 비소 때문으로 밝혀졌다.

셸레 그린은 1775년 스웨덴의 과학자 칼 빌헬름 셸레가 비소 연구를 하다가 우연히 발견했다. 녹색 빛을 띠는 비산 구리로 만

게오르크 프리드리히 케르스팅,
〈창가에서 수 놓는 여인〉, 1812
셀레 그린 벽지가 묘사된 그림

들어진 이 컬러는 그동안 사용했던 그린 안료와 달리 변색이 되지 않고, 가격이 저렴해 안료 및 염료 시장에 획기적인 변화를 불러일으켰다. 또 18세기 말 급속한 산업화로 유럽의 대도시들이 뿌연 연기에 휩싸인 것과 대조적으로 자연을 연상시키는 이 선명한 그린은 시공 시 벽지 컬러로 크게 사랑받는다. 이에 사람들은 물감, 종이, 다양한 원단, 음식에 이르기까지, 그린을 광범위하게 사용하기 시작했다.

하지만 이 염료 속 비소에 대한 지식이 부족했던 당시 사람들은 이 컬러 때문에 고통받았고, 심지어 죽음에까지 이르게 된다. 셸레 그린으로 만든 물감을 자주 사용하던 화가가 백혈병에 걸리기도 하고, 이 원단의 드레스를 만드는 공장에서 일하던 많은 사람이 구역질과 구토, 설사와 두드러기, 무력감에 시달리기도 했으며, 그 가루를 먹은 소녀가 사망하는 사고까지 발생하기도 했다.

나폴레옹 역시 이 그린 컬러를 좋아했다. 그가 유배되었다가 6년 만에 사망한 세인트헬레나섬의 롱우드 하우스는 공교롭게도 집 내부 전체가 녹색으로 꾸며져 있었다. 고온 다습했던 그곳의 기후를 생각할 때 셸레 그린의 벽지에서는 다량의 비소가 공기 중에 섞여 가스로 흘러나왔을 것이라고 예상한다.

그의 사망 원인을 밝히기 위해 머리카락 성분을 분석한 결과 비소가 일반인의 100배가 넘게 검출되기도 했으나 2008년 이탈리아 국립 핵물리학연구소는 나폴레옹의 머리카락 속 비소의 함

빅토리아 시대에 인기 있던 윌리엄 모리스의 벽지 디자인

GREEN

유량이 사망의 직접적인 원인이 아님을 밝혔다.

하지만 셸레 그린의 유해성이 입증되면서 이는 오늘날까지도 치명적인 독극물로 분류되어 거의 사용하지 않는다. 이처럼 컬러는 시각적 특성뿐 아니라 이를 구현해 내는 안료의 재료와 성분에 따라 고상해지기도, 추악해지기도 하며, 매력적이거나 치명적일 수도 있다.

녹색은 가시광선 내 컬러 스펙트럼 한가운데에 위치해 우리 눈에 가장 편안한 컬러다. 심리학적 원색 중 하나인 그린은 정신과 육체, 감성의 균형과 조화를 뜻하기도 한다. 긴장을 이완시켜 주고 심리적 안정감을 주는 그린은 특유의 편안한 감성으로 우리 삶 속 다양한 곳에 사용되는데, 지나치게 많이 그리고 자주 이 컬러를 사용할 경우 단조롭고 지루해 보일 수 있어 다른 컬러와의 적절한 배색이 필요하다.

패션

그린은 편안하고 안정적이며 중립적인 분위기를 연출할 때 적절하다. 또 연두색과 같이 따뜻한 느낌부터 청록색과 같이 차가운 느낌에 이르기까지 매우 폭넓은 컬러톤을 갖기에 계절마다 조금씩 다른 분위기로 연출할 수 있는 장점이 있다.

특히 채도가 높은 라임 그린은 그 어느 컬러보다도 생기와 활력을 주므로 봄 시즌 포인트 컬러로 사용하기 좋다.

인테리어

그린은 없어서는 안 될 중요한 컬러다. 자연을 닮아 친근하고 특유의 온화한 안정감을 주어 침실이나 서재, 거실과 사무실, 카페 등에 두루 사용된다. 다만 그린 톤만으로 꾸며진 공간은 정체되고 지나치게 단조로워 보일 수 있기에 포인트 컬러로 보색의 레드톤이나 블랙, 화이트, 그레이와 같은 뉴트럴 컬러neutral color●를 적절히 활용하면 편안하면서도 생기 있는 매력적인 분위기를 연출할 수 있다.

기업, 브랜드

그린은 친환경, 유기농, 환경 보호 등 자연을 연상시키는 기업의 로고, 패키지 등에 필수로 제안되는 컬러다. 친환경과 더불어 지속 가능성을 강조한 다양한 소재들이 선보여지는 가운데, 그린은 이러한 재활용 소재와의 조합으로 새로운 비주얼을 만들어 내고 있다.

그 외

그린은 레드와의 보색 효과로 다양한 환경에 활용되고 있다. 그린 컬러의 수술복은 의사들의 심리적 안정은 물론 장시간 붉은 피를 바라봐야 하는 의사들에게 보색의 잔영을 없애주고 피가 갈색으로 보이게 해 시각적 피로도를 덜어주는 효과가 있다.

또 신호등의 녹색 불은 안전을 뜻하고, 빨간 불은 위험을 뜻해 두 컬러가 교통 신호 체계를 이루고 있으며 많은 전자제품에

● 블랙, 화이트, 그레이 같은 무채색

서 그린과 레드 버튼은 온·오프 또는 시작과 종료 등 상반된 의미로 활용된다. 더불어 그린은 허가, 승인의 의미를 지니기도 하는데, 미국에서는 거주와 취업을 보장하는 권리증을 "그린카드"라고 부른다.

YELLOW

노랑

밝고 긍정적이며
무한한 에너지를 품은 태양의 컬러

태양을 노란색 점으로 바꾸는 화가가 있는가 하면
지적 능력과 예술성을 발휘해 노란색 점을 태양으로
변모시키는 화가도 있다.

파블로 피카소, 화가

옐로는 태양을 닮았다. 에너지를 가득 품어 사방에 고루 나누어 준다. 에너지 높은 옐로는 심리학적으로도 긍정적이고 영향력이 큰 컬러다. 일반적으로는 따뜻하고 부드러우며 낙관적인 이미지로 행복, 영광, 지혜의 색으로 사용되기도 하지만 시기, 질투, 탐욕, 겁쟁이 등을 의미하기도 해 이중적이다.

고대 시대 옐로는 주로 "옐로 샤프란yellow saffron"으로 불렸는데, 고대 영어 단어 'geolwe'에서 유래했다. 이는 노란색 또는 황색을 지닌 뜻으로 훗날 밝다, 빛나다, 외치다 등의 단어로 파생된다.

최초의 옐로는 점토로 만든 황토색 안료로 1만 7000년 전 그려진 프랑스 라스코 동굴의 노란 말에 채색되어 있다. 고대 이집트에서 옐로는 주로 황금의 색으로, 썩지 않고 영원하며 파괴할 수 없는 절대적 존재로 여겨졌다. 고대 로마 역시 마찬가지였으며 벽화에 그려진 사람들의 피부를 표현하는 데 사용하기도 했다. 이후 대부분 금빛 옐로는 왕과 왕권, 종교와 연관되어 성스럽고 고귀한 존재에 활용되었다. 하지만 중세 시대에 이르러 옐로는 종교화에서 예수를 배반한 이스가리옷 유다의 옷에 칠해져 시기와 질투를 상징하기 시작했으며 르네상스 시대에는 유대인과 같은 비

YELLOW

기독교인을 옐로로 표현하기도 했다.

　18~19세기에 이르러 옐로는 합성 안료로 개발되어 많은 예술가에게 사랑받는다. 영국의 국민 화가 윌리엄 터너는 그의 작품 〈비, 증기, 속도 – 대서부 철도〉에서 최초로 화려한 옐로를 선보이며 많은 이들의 이목을 집중시켰다. 〈해바라기〉, 〈별이 빛나는 밤〉 등 다수의 작품을 남긴 빈센트 반 고흐는 크롬 옐로, 카드뮴 옐로 등 다양한 색조의 옐로로 자신의 감정을 작품에 표현했다.

　20세기에 이르러 옐로는 나치 독일에 의해 다윗의 별을 상징하는 컬러로 각인되어 유대인의 가슴에 노란 육각별로 새겨진다. 이후 네덜란드의 대표적인 모더니즘 화가인 몬드리안은 옐로와 블랙, 레드, 블루를 가장 순수하고 기본적인 컬러로 정의하고 흰색의 캔버스에 이를 배색한 새로운 스타일의 작품들을 선보이기도 한다.

　오늘날 옐로는 패션과 뷰티 분야에 없어서는 안 될 중요한 컬러다. 모든 컬러가 옐로를 머금은 웜톤과 블루를 머금은 쿨톤으로 분류할 수 있기 때문인데, 이는 화가이자 조각가이며 1919년 바우하우스의 교수로 재직했던 요하네스 이텐에 의해 정립되었다. 그는 컬러 시스템의 근간이 되는 12색상환과 퍼스널 컬러의 개념을 확립하며 색채학에 많은 업적을 남긴 인물이다. 그는 사람들 역시 타고난 신체의 색을 기준으로 웜톤과 쿨톤으로 분류할 수 있으며, 같은 톤의 컬러 조합이 가장 조화롭다고 정의했다.

　많은 예술가의 그림에서 빛과 밝음 그리고 태양을 상징했던 옐로. 가장 밝게 빛나는 고명도의 컬러로 아기의 귀여운 미소에서 부터 질투심과 배반, 의심이라는 상반된 감성을 두루 갖는 옐로는 빛으로 희망으로 우리의 시선을 끈다.

이번 장에서는 빛과 태양으로 사용된 화가들의 옐로, 낙관과 희망을 상징한 팬톤의 일루미네이팅, 친근함과 즐거움을 차용한 카카오의 옐로, 주의와 집중이 된 뉴욕의 옐로캡과 찬란함과 영원함을 품은 클림트의 골드를 만나보자.

YELLOW

빛과 태양

화가들이 사랑한 옐로

"태양, 더 좋은 단어가 부족하기 때문에 노란색, 밝은 황색,
엷은 레몬 금색이라고 부를 수밖에 없는 빛.
아! 노란색은 얼마나 아름다운가!"

빈센트 반 고흐, 화가

빈센트 반 고흐Vincent van Gogh만큼 옐로를 사랑했던 화가가
또 있을까. 그의 작품에는 유달리 옐로가 많다. 그는 누구보다 옐
로가 품은 빛과 태양의 에너지와 따스함을 사랑했고, 이를 다수의
작품에 고스란히 담아냈다. 고흐 하면 떠오르는 〈해바라기〉부터
아를의 〈노란 집〉과 〈카페테라스〉는 물론 고갱과 다툰 후 스스로
귀를 자르고 입원했던 〈아를의 정신병원〉에 이르기까지 그가 사
용한 옐로는 작품마다 미묘하게 다른 감성의 온도를 뿜어낸다.

1888년, 인생에서 가장 희망에 차 있던 시절에 그는 프랑스

'아를'이라는 남부 도시로 거처를 옮겨 폴 고갱과 함께 작업할 공간을 마련했다. 우리에게 잘 알려진 〈노란 집〉이 그 공간을 작품에 옮긴 것으로, 그는 벽을 온통 노란색 페인트로 칠하고 해바라기 연작으로 내부를 꾸몄다. 가난과 정신적 질병의 고통 가운데 고단한 예술가의 삶을 산 그에게 이 시기는 가장 행복한 때였으며 이때 그려진 그의 작품들은 유난히 밝고 따스한 온기로 오늘날 우리의 시선을 사로잡는다.

이 시기에 그는 총 열두 점의 〈해바라기〉 작품을 남겼다. 주로 꽃병에 담긴 다양한 꽃의 자태를 그렸는데, 이 작품들을 한곳에 모아놓고 보면 미묘하게 서로 다른 옐로 색조와 배경색의 변화를 감지할 수 있다. 특히 해바라기의 피고 지고 꺾이고 휘어진 모습들이 다양한 형태와 붓 터치의 질감으로 표현되어 해바라기 이면에 그가 느꼈던 감정들이 고스란히 반영되어 있다. 해바라기에 덧입혀진 옐로 역시 때로는 희망을, 강한 열정과 에너지를, 그리움과 외로움을 담아 고흐의 불우했던 인생과 대비되어 더욱 찬란히 빛나기에 보는 이로 하여금 애잔한 감정을 불러일으킨다.

암스테르담 반 고흐 미술관에 소장된 〈해바라기〉에서 그는 해바라기 꽃잎뿐 아니라 배경이 되는 벽과 테이블 모두를 옐로로 칠했다. 이 작품은 고흐가 아를에서 그린 대표적인 해바라기 작품 중 하나로 옐로 단색만으로 그려졌다. 하나의 색으로만 그려져 다소 단조로워 보이지 않을까, 라는 생각이 무색할 만큼 이 작품은

YELLOW

빈센트 반 고흐, 〈해바라기〉(파리 시리즈 중), 1887

빈센트 반 고흐, 〈해바라기〉, 1889
영국 런던의 내셔널 갤러리에 전시된
1888년에 그린 4판의 재판으로 현재
네덜란드 암스테르담의 반 고흐 미술관에
전시 중인 15송이 해바라기 작품

생동감 넘치고 에너지로 충만하다. 옐로 컬러가 갖는 특유의 밝고 화사한 시각적 특성과 두껍게 덧칠해진 물감의 중량감, 까슬하게 만져질 듯한 붓 터치의 질감, 뒤틀린 듯한 역동적인 해바라기의 형태가 만들어 내는 총체적 에너지는 고흐 내면에서 꿈틀대던 감성을 고스란히 담고 있다.

고흐의 〈해바라기〉 연작들은 이를 그린 지역에 따라 크게 파리 시리즈와 아를 시리즈로 나눌 수 있는데, 아를에서 그렸던 해바라기 작품들이 〈해바라기〉 연작의 절정을 이룬다고 평가된다.[1] 이 시기 고흐는 물감을 두껍게 덧바르는 임파스토 기법으로 해바라기를 묘사하며 새로운 스타일을 정립했다. 또 작품 속 컬러톤도 상당히 변화했는데, 초기 파리에서는 옐로를 중심으로 블루, 블랙의 강한 대비를 즐겨 사용했다면 아를에서의 작품들은 옐로와 유사한 오렌지, 그린으로 이어지는 보다 부드럽고 편안한 조합의 컬러들이 작품에 담겨 따뜻하며 온화한 감성을 자아낸다. 부드러운 색조와 힘 있는 붓 터치, 사실적인 질감 묘사들이 조화롭게 공존하며 그는 특유의 에너지로 작품 속 아름다운 해바라기를 피워낸다.

또 고흐는 〈별이 빛나는 밤〉이나 〈아를 포룸 광장의 카페테라스〉, 〈까마귀 나는 밀밭〉과 같이 옐로와 블루의 강한 보색 대비의 작품으로도 잘 알려져 있다. 그가 옐로에 담아낸 빛과 희망과 열정은 블루에 담긴 어둠과 밤, 슬픔과 고독을 만나 서로를 더욱 선명하고 찬란하게 빛낸다.

이렇듯 그는 작품 속에 다양한 옐로를 사용했다. 밝은 레몬 옐로lemon yellow부터 찬란한 빛을 발하는 크롬 옐로chrome yellow, 차분한 인디언 옐로indian yellow에 이르기까지 미묘하게 다른 옐로를 보색 또는 유사색과 배색해 시시각각 변하는 자신의 감성과 느낌을 한껏 담아냈다. 이런 다각도의 노력과 시도가 고흐를 옐로의 대가로 만들어 냈다고 본다. 또 오늘날 우리가 변함없이 고흐의 옐로를 사랑하는 이유도 여기엔 그의 예술에 대한 열정과 희망, 에너지와 그 근원이 되는 태양이 담겨 있기 때문은 아닐까.

옐로에 애착을 가진 화가에는 요하네스 페르메이르Johannes Vermeer도 있다. 그의 작품 〈진주 귀걸이를 한 소녀〉는 스칼렛 요한슨 주연의 영화로도 제작된 바 있는데, 그는 17세기를 대표하는 네덜란드 화가다. 그의 작품들은 스쳐 지나가 사라져 버릴 수도 있는 일상 속 아름다운 찰나의 모습을 작품에 담았다는 점과 빛에 대한 강한 인상을 남겼다는 면에서 무척 매력적이다. 하지만 남긴 작품 수가 적고, 다룬 주제도 한정적이어서 대중에게 명성을 얻은 지는 그리 오래되지 않았다.

그의 작품 속에도 항상 옐로가 있다. 고흐처럼 페르메이르 역시 다양한 톤의 옐로로 서로 다른 미묘한 분위기를 전달한다. 〈진주 귀걸이를 한 소녀〉에서 옐로는 중저채도로 차분하고 조용한 분위기를 연출한 반면, 또 다른 작품 〈뚜쟁이〉에서는 밝고 선명한 옐로가 레드와 함께 배색되어 화려하고 경쾌하며 소란스레

요하네스 페르메이르, 〈진주 귀걸이를 한 소녀〉, 1665

요하네스 페르메이르, 〈뚜쟁이〉, 1656

빛이 난다.

〈우유 따르는 여인〉이나 〈편지를 쓰는 여인〉, 〈여주인과 하녀〉 등 그의 작품은 중산층 가정의 소소한 일상을 담고 있는데, 고요하고 평온한 그들의 모습이 옐로와 함께 부드럽게 녹아 있어 편안하고 친근한 감성을 자아낸다. 페르메이르의 옐로 역시 빛과 에너지 행복의 의미를 담고 있지만 고흐가 적극적이고 감정의 농도가 짙은 남성적인 방법으로 옐로를 사용했다면 페르메이르는 조용하고 차분한 여성적 이미지로 옐로를 표현했다. 컬러는 언어 같아서 같은 컬러 안에서도 사용하는 사람에 따라 다양한 결을 갖는다.

고전주의에서 낭만주의로의 완성에 이른 영국의 대표적 화가 조지프 말로드 윌리엄 터너Joseph Mallord William Turner는 화가 중 가장 먼저 옐로를 작품에 사용했다고 알려진다. 그는 풍경화를 주로 그렸는데, 영국의 강과 운하는 물론 스위스와 이탈리아 등 유럽을 횡단하며 각국의 다양한 풍경을 화폭에 담았다.

특히 두 번째 이탈리아 여행 후, 빛과 색채의 조화에 관한 연구에 몰두하는데, 오늘날 그의 대표작들은 대부분 이 시기에 그린 작품들이다. 형태를 알아보기 힘들지만 강렬한 빛과 색채의 조화를 통해 드라마틱하게 연출한 그의 풍경화에는 극적이고 강한 에너지가 담겨 있어 어느 인물화나 정물화보다도 인상적이고 매력적으로 다가온다.

조지프 말로드 윌리엄 터너, 〈국회의사당의 화재〉, 1835

　　오랜 시간 많은 화가들에게 빛으로, 태양으로, 에너지로, 행복
으로 널리 사용된 옐로는 오늘날 다양한 기법과 형태의 예술로 재
창조되어 이를 바라보는 우리 역시 밝고, 힘 있게 만들 것이다.

낙관적인, 희망

팬톤의 일루미네이팅

팬톤은 컬러를 전문적으로 연구하고 개발하는 미국의 기업으로 패션, 인테리어, 건축, 전자제품 등의 다양한 디자인 분야와 출판, 인쇄를 비롯한 예술 등 폭넓은 산업군에 영향을 미친다. 누구나 한 번쯤은 팬톤이라는 이름을 들어봤을 만큼 널리 알려져 있는데, 이는 오늘날 가장 보편적으로 사용하는 컬러 표준 시스템을 구축했기 때문이다. 팬톤 덕분에 코드를 활용해 컬러에 대한 의사소통이 가능해졌으며 1만여 가지가 넘는 배색 체계도 제공하고 있다.

팬톤은 지난 2000년부터 해마다 '올해의 컬러'를 발표하고 있다. 이는 우리 사회의 시대정신과 정치, 경제, 문화의 트렌드 키워드를 반영해 선정하고 있으며 해당 컬러로 다양한 제품과 협업해 우리에게 선보인다. 트렌디하고 변화 주기가 빠른 코스메틱, 패션 분야는 물론 계절에 따라 분위기가 크게 바뀌는 인테리어, 전자제품과 가구, 자동차 분야에 이르기까지 다양하다. 국내에도

YELLOW

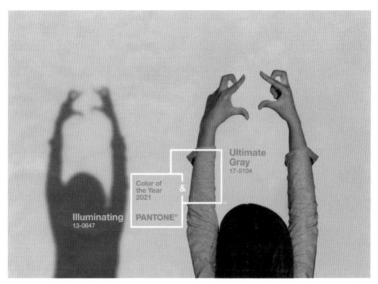

2021년 팬톤이 제시한 올해의 컬러 '일루미네이팅'

다양한 브랜드가 팬톤과의 협업에 동참하고 있다. 올해의 컬러는 주로 단일 컬러지만 지난 2016년과 2021년에는 두 컬러의 조합으로 제안되었으며, 2021년 올해의 컬러가 바로 '일루미네이팅 Illuminating'이란 이름의 옐로와 '얼티미트 그레이Ultimate gray'다.

모두가 알다시피 2020년은 전 세계적으로 혼란스러운 시간이었다. 전무후무한 코로나라는 강력한 바이러스 앞에 우리는 당황했고, 무력했고, 좌절했고, 힘들었다. 팬톤이 발표한 일루미네이팅은 경쾌, 낙관, 즐거움, 긍정의 키워드를 바탕으로 활기차고 낙천적인 희망을 담았으며, 얼티미트 그레이는 안정, 조화, 실용성, 편안함, 회복 탄력성이라는 키워드를 바탕으로 인고의 시간을 표현했다. 이 두 컬러의 조합으로 "암울했던 2020년을 지나 희망찬 2021년이 온다"는 메시지를 담아낸 것이다.

특히 희망의 메시지를 담는 '일루미네이팅'은 옐로 중에서도 명도가 높고 순색에 가까워 창의성과 독창성, 자유로움과 다재다능함을 고양시키는 데 일조하는 고채도의 밝은 컬러로, 낙관적이고 희망적이며 유연하고 즐거움을 전하는 데 효과적이다. 때문에 희망이 필요한 시기에 가장 필요한 컬러가 아닐까 싶다.

이러한 두 컬러를 발 빠르게 제품에 반영한 브랜드 중 LG생활건강의 VDL이 눈에 띈다. VDL은 메이크업 브랜드로 2015년부터 꾸준히 팬톤과 협업해 해마다 선정되는 올해의 컬러로 메이크업 컬렉션을 선보이고 있다. 2021년 역시 'VDL + PANTONE 컬렉션'을 출시했는데, 총 8종의 제품으로 구성된 이 패키지는 옐로와 그레이 컬러에 서로 다른 제형과 촉감, 효과를 접목한 제품을 선보였다. 특히 '루미레이어 일루미네이팅'은 이름과 패키지에서도 느껴지듯 광채에 초점을 맞추어 펄에 옐로 컬러를 더한 메이크업 베이스 제품으로 윤광 피부를 연출하는 데 효과적이다. 이는 희망을 상징하는 일루미네이팅 옐로를 빛과 광채로 풀어 제품에 접목시킨 것이다.

YELLOW

팬톤 올해의 컬러와 협업한 LG생활건강의 '2021년 VDL + PANTONE 컬렉션'

이 밖에도 희망을 상징하는 옐로는 우리 삶 속에 다양한 방법으로 메시지를 전한다. 우리는 2014년 세월호 참사의 아픔을 기억한다. 전 국가적 재난 현장 속에서 우리는 함께 울고, 함께 분노하며 노란 리본에 희망의 마음을 담았다. 구태여 말하지 않아도 노란 리본이 전하는 꺼지지 않는 희망과 따스한 메시지는 서로를 다독이고 격려했다. 시간이 흐른 지금도 노란 리본을 볼 때마다 그 사건을 기억하고 같은 일이 또 다시 벌어지지 않도록 다짐하는 서로의 모습을 보면서 컬러가 주는 깊은 의미와 강한 연대감에 대해 생각하게 된다.

이러한 희망과 긍정의 의미를 담은 대표적 메타포인 노란 리본은 그 근원을 미국의 독립전쟁과 남북전쟁에서 찾아볼 수 있다. 당시 참전하는 가족의 무사귀환을 빌면서 나무에 매달아 놓고 기다렸던 것이 바로 노란 리본과 노란 손수건인데, 이는 그리움과 희망의 상징으로 많은 노래 가사와 소설, 영화에서도 두루 인용되고 있다.

심리적으로도 부정적인 생각을 몰아내고 긍정적인 효과를 북돋아 주는 옐로가 오늘을 살아가는 우리에게도 그 어느 때보다 강한 긍정의 힘을 실어줄 수 있기를 기원해 본다.

YELLOW

친근함, 즐거움, 재미

카카오의 옐로

하루에도 수십 번 카카오톡을 확인하는 우리에게 옐로는 하루 중 가장 많이 접하는 컬러가 아닐까 싶다. 핸드폰 화면 속 다양한 앱 가운데서도 가장 눈에 띄는 컬러로 우리의 시선을 사로잡는 이 메신저는 페이스북, 트위터 등 거대 공룡 기업이 선점한 소셜 네트워크 서비스 시장의 후발 주자로 진출했다. 하지만 오늘날 한국 사람 중에 이 앱을 사용하지 않는 사람이 있을까 싶을 정도로 카카오는 시그니처 옐로 만큼이나 부드럽고 친근하게 우리 삶 속에 들어와 있다.

달콤한 초콜릿의 원료 카카오라는 친근한 이름과 함께 초기 사업을 메신저 서비스로 시작한 카카오는 오늘날 글로벌 소셜 미디어 기업으로 성장했으며 사용자에게 일상 속 다양한 편리함과 즐거움을 선사하기 위해 노력하는 기업이다. 이름에서도 연상되는 진한 초콜릿 브라운과 원색의 밝은 옐로를 조합한 그들의 컬러

전략은 페이스북과 트위터가 선점한 블루 일색의 시장에서 확연한 시각적 차별화를 두며 직관적이고, 효율적이다.

옐로는 유색 중 가장 명도가 높고, 가시성•도 높기에 우리 눈에 띄는데, 이는 작은 모바일 창에서 매우 유리하다. 게다가 블랙에 가까운 다크 브라운과 옐로의 배색은 명시성••과 가독성 또한 높아 멀리서도 선명하게 읽힌다.

또 카카오는 메신저 앱에 등장하는 '카카오 프렌즈' 캐릭터를 실제 오프라인 매장에 다양한 상품으로 선보여 온라인과 오프라인의 상품을 연결해 존재감을 높였다. 덕분에 우리는 카카오가 제공하는 서비스를 친근하고 거부감없이 보다 실질적이고 즐겁게 사용하고 있다.

현재 카카오가 제공하는 서비스는 라이프, 커뮤니케이션, 엔터테인먼트, 커머스, 비즈니스 분야 등으로 다양하다. 카카오는 다양한 서비스로 복잡해 보일 수 있다는 문제를 활용 전략으로 해결하고 있다. 배경에 옐로를 메인 컬러로 지정하고 서비스의 종류에 따라 아이콘 컬러를 블루, 레드, 그린 등으로 나눠 일정한 룰 안에서 시각적 통일감과 일정한 룰 안에서의 변화를 동시에 추구하고 있다.

- • 컬러 자체가 자극이 강해 눈에 잘 띄는 성질 및 정도
- •• 먼 거리에서 잘 보이는 성질. 색상, 명도, 채도 차이가 클 때 높음

YELLOW

메신저 카카오톡뿐만 아니라 모빌리티, 엔터테인먼트,
커머스 등에 일관되게 적용된 카카오의 시그니처 옐로

최근 카카오 홈페이지에서는 옐로의 적용 범위를 다소 줄이
는 움직임도 엿보인다. 강한 시각적 자극으로 피로도를 높이고,
장시간 접할 때 질릴 수 있는 이 컬러의 속성을 고려할 때 새로운
배색 또는 적용 범위의 변화로 분위기를 재고하는 것도 좋은 시도
라 생각한다. 이는 브랜드의 성장 및 진화 시점에 따라 필요한 시
각적 변화 중 하나다. 하지만 이때 중요한 것은 아이덴티티 컬러

가 소비자에게 브랜드의 정체성으로 충분히 인식된 후 일정한 패턴의 통일성을 가지고 이어나가야 하며, 이것이 잘 전승되지 않을 경우 자칫 혼선을 초래할 수도 있다.

　이마트나 노브랜드 역시 친근하고 즐거운 이미지의 옐로를 브랜드 아이덴티티로 차용하고 있다. 이마트의 경우, 로고를 옐로와 다크 그레이의 조합으로 사용하며 알파벳 'e'에만 옐로를 적용하지만, 좁은 면적임에도 불구하고 우린 이마트를 그레이보다는 옐로로 기억한다. 옐로가 갖는 강한 인상 때문이다. 노브랜드 역시 블랙과 화이트와 더불어 옐로를 포인트로 사용해 패키지와 매장에 적용한다. 이는 유통 과정을 줄여 가격 경쟁력을 높이겠다는 의미에서 사용한 베이직한 블랙과 화이트에 친근한 옐로를 더한 조합으로 브랜드 철학을 담은 것이다.

　'행복을 만드는 우리집'이라는 슬로건의 이케아는 옐로와 블루 두 컬러를 동시에 브랜드 아이덴티티로 사용하며, '여행을 가볍게' 라는 슬로건의 여행사 노랑풍선은 옐로에 풍선이라는 가볍고 재미있는 소재를 더해 구체적으로 친근하고 즐거운 옐로의 이미지를 브랜드의 이미지를 구체화시켰다.

　앞으로도 에너지 레벨이 높고 친근한 옐로는 새로운 소재와 컬러의 조합으로 다양한 브랜드에서 사랑받으며 우리 삶을 즐겁고 재미있게 이끌어 줄 것이다.

YELLOW

주의와 집중

뉴욕 맨해튼의 옐로캡

뉴욕에 방문해 본 사람이라면 누구나 이 도시의 명물 옐로캡yellow cab을 기억할 것이다. 국내에서도 인기가 높았던 드라마 〈섹스 앤 더 시티〉에 보면 답답하게 막혀 있는 차들 사이를 뚫고, 서커스 곡예사와 같은 운전 실력으로 그들의 발이 되어주는 옐로캡이 자주 등장한다. 그렇다면 옐로캡은 많은 컬러 중에서도 왜 노랑을 입게 되었을까?

　뉴욕 최초의 택시는 1897년에 등장했다. 초기에는 전기 자동차가 택시로 활용되었지만, 충전 시간이 길고 주행거리가 짧아 1910년 내연기관 자동차로 대체되었다. 이 시기 호주에서 이민해 온 존 허트는 올즈모빌의 자동차 스무 대로 본격적인 택시 영업을 시작했는데, 이것이 오늘날 택시 서비스의 전신이 되었다.

　그는 택시 영업을 홍보하고 시민들에게 적극적으로 알리기 위해 가장 눈에 띄는 색상인 옐로로 차량의 컬러를 통일하고, 택

뉴욕의 명물 옐로캡

시 운전기사들에게 옐로 점퍼를 입히면서 회사 이름을 '옐로캡'이라고 짓는다. 당시 뉴욕에서 활동하는 옐로캡 운전기사는 택시 운전 면허증이 10억 원에 달할 만큼 이민자들에게 인기 있는 직업이었다. 하지만 불법 영업을 하는 택시들이 점점 많아지게 되고 이러한 택시들은 교통사고를 내고 사라져 버리거나 범죄에도 자주 연루되었기에 도시의 큰 골칫거리가 되어갔다. 이에 뉴욕시는 1967년 불법영업 택시를 구별하기 위한 목적으로 모든 택시를 가시성이 높은 노란색으로 도색하는 법안을 시행하게 되고, 이것이 오늘날까지 이어지고 있다.[2]

YELLOW

먼 거리에서도 즉각 눈에 띄는 옐로는 위험하거나 주의를 요하는 상황에서 활용된다. 교통 표지판, 차로의 중앙선, 출입을 제한하는 바리케이드 등 명시성과 가시성이 동시에 높은 옐로는 레드 또는 블랙과의 조합으로 강한 주목성을 갖는다.

또 어린이들이 주로 이용하는 교통수단이나 포크레인과 같은 공사 차량, 신호등의 노란불에도 옐로가 적용되는데, 이는 색이 갖는 진출성 때문이기도 하다. 사물이 위치하는 원 거리보다 가깝고 크게 보이는 경향을 나타내는 색의 진출성은 차가운 계열의 한색보다는 따뜻한 계열의 난색에서 찾아볼 수 있으며 무의식적으로 우리를 긴장하게 만든다.

또 옐로는 스포츠에서도 종종 활용되는데, 특히 테니스 공에는 옐로 컬러와 관련된 재미있는 일화가 있다. 사건의 전말은 1860년부터 100여 년 동안 경기에 사용되었던 화이트 고무공이 컬러 TV의 보급과 함께 위기를 맞게 되면서다. 화면 속 다채로운 컬러와 선수들의 흰 유니폼 때문에 시청자들이 경기 중 테니스공을 찾아보기 어려워졌다. 이에 국제테니스연맹은 컬러 TV에서도 잘 보이는 여러 가지 컬러의 공을 비교해 본 끝에 지금의 테니스공을 기준 컬러로 지정한다.

하지만 새롭게 지정된 이 컬러는 그린이냐, 옐로냐의 논쟁으로 해외에서 이슈가 되었다. 이 색상에 대해 SNS 상의 투표를 진행함은 물론 세계적인 테니스 선수 로저 페더러에게 직접 묻는 영

테니스공 기준 컬러로 지정된 '옵틱 옐로'

상이 올라오기도 하며 여러모로 시끄러워지자 국제테니스연맹은 이 컬러에 대해 공식적인 입장을 발표한다. 현재 공식화된 컬러명은 '옵틱 옐로Optic yellow'로 오늘날 우리가 테니스 코트에서 보는 공의 컬러다. 그린과 옐로 사이에서 독보적으로 도드라지는 형광빛의 옵틱 옐로는 높은 가시성과 주목성으로 경기의 몰입도를 높인다.

이처럼 각종 교통 표지만과 교통수단, 스포츠 경기에도 활용되는 옐로는 가장 직관적이고 감각적이며, 기능적으로 우리의 시각을 통해 뇌를 주의시키고 집중시켜 안전하고 원활한 삶으로 이끈다.

찬란함과 영원함

구스타프 클림트의 금빛 향연

노란빛을 띠는 가장 고귀한 물질인 황금은 예로부터 동서양을 막론하고 재질에서 오는 특유의 화려함과 미려함, 희소성으로 귀하게 여겨졌다. 황금은 부는 물론 명예와 행운, 고귀함과 풍요로움, 사치와 같이 컬러 이상의 강력한 의미를 지니기도 하는데, 이런 '값비싼 골드'를 작품에 입힌 화가가 있다. 화려한 장식과 독창적인 표현으로 미술사 중 전무후무한 절대적 독창성을 갖는 화가, 바로 구스타프 클림트Gustav Klimt다.

1862년 오스트리아 빈에서 태어난 그는 순수 미술이 아닌 응용 미술을 공부했다. 집안 사정이 어려워 일찍이 돈을 벌기 위해 다양한 벽화를 그리기 시작했던 그는 특히 이집트 벽화에 관심이 많았는데, 벽화 작업을 통해 모자이크 기법을 익히게 된다. 모자이크는 돌, 유리, 조가비, 타일 등 다양한 재질과 색을 지닌 재료를 조합해 무늬나 형태를 표현하는 기법으로, 훗날 그의 작품에 주된 표현법이 되어 그만의 독창적인 작품 세계를 구축하는 데 큰 영향을 미쳤다.

그의 작품 속 배경과 인물, 사물들은 선의 경계 없이 각기 서로 다른 패턴과 질감으로 표현되어 하나의 작품 속에 공존한다. 하나하나 보면 정신없어 보일 수 있는 다양한 패턴들은 그만의 감성으로 배치되어 작품에 생동감과 리듬감을 부여하고 부조•와 같은 입체감을 주며 그만의 독창성을 갖는다.

1899~1910년 그는 '황금 시기' 동안 다수의 명작을 남겼는데, 〈유디트 Ⅰ〉이라는 작품에서 처음으로 금박을 사용하기 시작했다. 클림트가 많은 재료 가운데 골드를 사용한 것은 금 세공사였던 아버지의 영향이 컸다. 순도에 따라 다양한 빛깔의 반짝이는 휘도를 갖는 다양한 골드를 어려서부터 보아온 그는 다른 어떤 재료로 대체될 수 없는 이 재질만의 매력을 누구보다 잘 알았기에 여러가지 방법으로 금을 작품에 적용할 수 있었다.

우리에게 잘 알려진 〈키스〉 역시 이 시기의 작품으로, 그는 다채로운 색상과 패턴에 무려 여덟 종류의 금박을 더해 작업을 완성했다. 가장 찬란하고, 고귀하며 아름다운 환희의 순간을 금빛에 담아 화려하고 풍부한 톤으로 표현했기에, 이 작품을 보는 우리는 작품 너머의 감각적인 감성적인 그 순간을 상상하게 된다.

그가 황금 시기에 그린 마지막 작품 〈아델레 블로흐 바우어의

• 평면상에 형상을 입체적으로 조각하는 조형 기법

구스타프 클림트, 〈키스〉, 1907~1908

구스타프 클림트, 〈아델레 블로흐 바우어의 초상〉, 1907

YELLOW

초상〉은 2006년 1억 3500만 달러에 팔리며 역사상 가장 비싼 값에 거래된 그림 중 하나가 되었다. 이는 화려한 황금빛의 아름다움뿐 아니라 아델레라는 실존 인물을 실제보다도 고혹적이고 아름답게 묘사한 아름답기로 손꼽히는 작품으로 현재는 뉴욕 노이에 갤러리에서 만나볼 수 있다. 아델레는 평소 클림트의 작품에서 에로틱하고 관능적으로 묘사된 여인들과 대조적으로 단아하면서도 절제된 표정을 짓고 있는데, 이는 보는 이로 하여금 많은 상상을 불러일으킨다. 작품 속에서 그를 사실적으로 묘사한 부분은 얼굴과 목, 손과 팔의 일부가 다다. 대신 공간을 가득 채우고 있는 다채로운 골드 빛깔과 특유의 개성 넘치는 패턴들, 선명한 색채로 작품 자체에서 빛이 나며, 이는 당시 부유했던 상류층 여성의 모습을 비춰줄 뿐 아니라 아델레의 아름다움과 우아함을 너무나 잘 대변해 주고 있다고 평가된다.

또한 이 작품은 헬렌 미렌 주연의 〈우먼 인 골드〉라는 영화로 제작되어 2015년 개봉하기도 했다. 영화는 주인공이 사랑하는 숙모 아델레와의 추억을 회상하며 나치에 의해 오스트리아 정부에 빼앗겼던 그림을 되찾는 8년간의 과정을 그린다. 고통스럽던 나치의 역사를 하나의 미술 작품에 담아 정제되고 우아하게 묘사했다는 점에서 의미가 크며 황홀하게 연출된 클림트의 〈아델레 블로흐 바우어의 초상〉을 볼 수 있다는 점에서 주목할 만한 영화다.

소녀 시절 주인공과 아델레 숙모가 어두운 거실에 함께 앉아

영화 〈우먼 인 골드〉 중 클림트의 〈아델레 블로흐 바우어의 초상〉

금빛의 초상화를 바라보는 장면에서는 당시 무거웠던 역사적 분위기 속에 태양과 같이 찬란하게 빛나는 클림트의 작품이 부각되며 되돌아 갈 수 없는 과거의 아름다웠던 시절에 대한 향수와 그리움을 불러일으킨다.

클림트는 작품뿐 아니라 이를 감싸는 액자와 틀에도 골드를 즐겨 사용했는데 그가 작품은 물론 작품 너머의 장소와 분위기 역시 중시했다는 것을 알 수 있다. 관능미와 에로티시즘이 진정한 아름다움이라고 생각했던 그는 그때나 지금이나 퇴폐적이라 비판을 받기도 한다. 하지만 그의 작품 속 금빛에 담긴 바래지 않은 광채는 아름답고 찬란한 순간들이 변함없이 영원히 이어질 것 같은 상상과 기대를 선물한다.

심리학적으로 뇌와 인체 사이의 신호를 관장하는 신경계에 영향을 주는 옐로는 강력한 에너지의 색이다. 이러한 긍정적이고 낙천적인 옐로는 우울감이나 좌절감, 두려움 등 부정적인 생각을 몰아내는 데 효과적이다. 하지만 장시간 지속해서 사용할 경우 시각적, 심리적 피로도가 증가해 짜증과 불안을 유발할 수도 있다.

패션

옐로는 봄을 대표하는 이미지가 있어 S/S 시즌에 거의 빠지지 않고 제안되는 컬러다. 부드러운 파스텔톤부터 원색에 이르기까지 경쾌하고 긍정적이며 자신감 넘치는 분위기를 연출할 수 있어 이와 같은 이미지 메이킹이 필요한 자리에 적절하다.

또 원색의 옐로가 유·아동 의상과 제품에 적용되면 귀엽고 발랄한 이미지를 갖는다. 하지만 밝은 명도 때문에 다소 가벼워 보일 수 있기에 심각한 논의가 필요한 회의 장소에는 부적절하다.

인테리어

빛의 컬러인 옐로는 공간과 인테리어에도 자주 사용된다. 빛이 잘 들지 않아 그늘이 지거나 조도가 낮은 공간에 적용하면 밝고 따뜻한 분위기를 연출할 수 있다. 또 아이들의 침실이나 놀이

방, 놀이터 등에 적용되면 보다 밝고 활동적인 분위기를 만들어내기 용이하며, 패스트푸드 매장처럼 이동이 잦고, 회전율이 높은 공간에도 적합하다.

기업, 브랜드

옐로는 즐거움과 희망, 기쁨, 행복과 같이 긍정적이고 낙관적인 메시지를 담고 있어 다수의 기업에서 로고와 심볼, 패키지로 두루 활용되는 컬러 중 하나다. 레드와 그린 계열의 유사색 간의 조합으로 에너지 넘치는 이미지를 연출하거나 블루, 바이올렛과 함께 사용해 보색 대비로 이목을 집중시키기도 한다.

그 외

옐로는 명도가 가장 높은 유색 컬러라는 시각적 특성 때문에 안전을 위해 기능적으로 사용되는 컬러 중 하나다. 특히 블랙과의 조합으로 가장 높은 주목성과 명시성을 갖기에 교통안전 표지판이나 각종 공사 시설의 표지판과 구조물에 활용되기도 한다.

ORANGE
주황

미각과 후각을 자극하는
가장 상큼한 컬러

오렌지 컬러만큼 미각을 연상시키는 컬러가 있을까? 강렬한 레드와 에너지 높은 옐로가 만나 만들어 낸 오렌지는 이름만큼이나 상큼하다. 미국과 유럽에서 오렌지 컬러는 친밀한, 따뜻한, 명랑한, 즐거운, 활동적인, 에너지, 가을 등을 상징하며 핼러윈 시즌에 가장 친숙한 컬러다. 하지만 원색이 아닌 혼합색으로 다소 가벼운 느낌에 미성숙하고 경박한 이미지를 갖기도 한다.

컬러 이름 '오렌지orange'의 어원은 잘 익은 과일 오렌지의 컬러를 지칭하며 이 단어는 산스크리트어 'naranga'를 거쳐 고대 프랑스어 'orenge'의 형태로 진화하면서 유래했다. 공식화된 이름이 없던 오렌지 컬러는 레드로 총칭해 묘사되거나 샤프란, 붉은 사슴 등으로 불리다가 16세기가 되어서야 비로소 오렌지라는 이름으로 정착했다. 하지만 오늘날 여전히 오렌지 계열의 컬러는 샤프란, 엠버, 진저, 만다린 등 주로 과실이나 향신료에서 이름을 차용해 부른다. 때문에 이 컬러는 시각적인 자극과 더불어 맛과 향을 동시에 연상시켜 어느 컬러보다 공감각적이다.

고대 이집트에서는 예술가의 무덤에 채색할 때 주로 오렌지 컬러를 사용했으며 고대 중국에서는 오렌지가 진한 옐로로 보이는 이유로 금을 대신해 활용했다. 또 종교적으로는 불교와 밀접한 관련이 있다. 인도에서는 이를 신성한 컬러이자 영성의 컬러로 여겨 5세기경부터 오늘날까지 승려들의 의복 컬러로 사용하고 있으며 같은 이유로 연금술사에게도 인기가 있었다.

15세기 후반 중세 시대에 이르러 오렌지 나무가 유럽에 전파

되며 오렌지 컬러는 공식화된 컬러 명으로 굳건히 자리 잡는다. 과일 오렌지에서 파생된 단어는 스페인어 'naranja', 포르투갈어 'laranja', 영어 'orange' 등에서 찾아볼 수 있다. 또 18세기 이르러 오렌지는 과일, 정원 등을 가꾸는 것을 업으로 삼던 여신 포모나의 의복 색으로 사용되어 풍요를 상징하기도 했다.

　이후 19세기 이르러 인상주의 화가들은 하나같이 오렌지를 사랑했다. 시시각각 변하는 빛의 찰나를 표현하기에 오렌지는 최적의 컬러였다. 또한 오렌지는 태양 빛을 닮아 그들의 작품에 스며들어 작품 속 분위기를 보다 밝게 빛냈다.

　"블루가 없는 오렌지는 존재하지 않는다."

빈센트 반 고흐, 화가

　빈센트 반 고흐는 오렌지와 옐로 계열을 보색인 블루와 대비해 작품에 자주 사용했다. 또 클로드 모네는 오렌지로 떠오르는 해돋이의 인상을 그려내 인상파의 선구자적인 작품을 완성했으며, 툴루즈 로트레크는 파리의 경쾌한 클럽 풍경과 댄서의 옷을 오렌지 컬러로 채색하곤 했다. 폴 고갱 역시 타히티의 이국적인 풍경과 여인들의 모습을 오렌지 컬러로 묘사한 바 있다.

　현대에 이르러 오렌지는 높은 가시성 덕분에 구조용 비행기와 구명보트, 구명조끼, 블랙박스 등 위급 상황에도 적극 활용된다. 2004년 우크라이나에서는 대통령 선거 때 야당을 상징하는 오렌지색으로 여당의 부정 선거를 규탄했던 시민 혁명을 "오렌지 혁명"이라 일컬으며 정치적 혁명의 상징이 되기도 했다.

앞서 살펴본 것과 같이 긍정적이면서 가벼운 느낌의 이 컬러는 꽃잎에 반사되는 햇살과 같은 순간적인 인상을 갖는다. 또 중저 채도의 오렌지는 자연에서 볼 수 있는 노을, 토양, 점토의 컬러로 근원적이고 원시적이며 서정적인 정서를 지니기도 한다. 이국적이면서도 과즙과 같이 신선하고, 상큼한 매력으로 친근하게 다가오는 오렌지는 다양한 자극으로 우리 곁에 존재한다.

이 장에서는 원시적이고 이국적인 폴 고갱의 오렌지, 변화와 혁신의 에르메스의 오렌지, 펀 매니지먼트의 상징인 사우스웨스트항공의 오렌지, 네덜란드의 상징이 된 더치 오렌지와 위험과 주의를 상징하는 미국 재소자의 의복에 사용된 오렌지에 대해 알아보고자 한다.

원시적인, 이국적인

폴 고갱의 오렌지

빛과 컬러에 대한 남다른 연구와 몰두로 현대 미술사에 큰 영향을 준 인상주의 화가 중에는 빈센트 반 고흐와의 인연으로도 잘 알려진 폴 고갱Paul Gauguin이 있다. 증권사에 다니는 평범한 회사원이었던 그는 취미로 그림을 사 모으다가 붓을 들기 시작했는데, 화가로의 시작이 많이 늦었던 탓인지 생전에는 대중에게 큰 주목을 받지 못했다. 하지만 그는 오늘날에 이르러 후기 인상파 화가 중에서 자신만의 독자적인 화풍을 발전시켰다는 측면에서 재조명되고 있다. 문명과 도시를 거부하고, 자연의 원시 상태로 돌아가려했던 그는 그토록 꿈꾸던 타히티tahiti의 모습을 오렌지빛으로 작품에 그려나간다. 역사적, 사회적, 문화적 시선이 고루 담겨 있는가장 원시적이고도 이국적인 그의 오렌지를 만나보자.

2015년 역대 미술시장에서 최고가로 거래되었던 폴 고갱의 〈언제 결혼하니?〉는 들판과 나무를 배경으로 앉아 있는 두 여인을 묘사하고 있다. 나이가 좀 더 많은 여인이 앞에 앉은 어린 여인을 흘겨보는 듯한 표정과 재미있는 구도의 이 그림은 제목 자체가 그들의 대화를 그대로 옮겨 놓은 듯하다. 두 여인의 다갈색 피부에 드리운 태양빛에, 꼭 다문 입술 끝에, 옷가지에, 들판과 나무 곳곳에 살짝 드리운 이 오렌지 컬러에는 원시적 에너지와 이국적인 정서가 배어 있다. 가보지는 않았지만 어딘가에 존재하는 나라. 그곳엔 내가 미처 알지 못한 신비하고 독특한 문화가 꽃피워 있을 것 같아 보는 우리를 흥미롭고 궁금하게 만든다.

불과 열, 에너지를 상징하는 레드와 태양, 빛을 상징하는 옐로가 만나 만들어진 오렌지는 그 어느 컬러보다도 자연적이고 근원적인 힘을 가지고 있다. 이 힘은 에너지를 살짝 머금은 생기로, 때론 영원한 에너지의 원천으로 다양한 사물에 맺혀 순간적이지만 강한 인상을 만든다. 그 때문인지 오렌지는 밝고 따뜻하며 활동적이고 경쾌하며 가볍다.

고갱은 작품 속 타히티를 오렌지를 비롯한 원색의 그린과 블루 조합으로 그려 당시 산업혁명으로 급변한 어둡고 칙칙해진 파리의 색감과 대비해 더욱 상반되고 선명하게 표현한다. 하지만 그가 작품에 사용한 컬러들은 사실 실제 타히티의 모습과는 조금 거리가 있었다. 이는 당시 인상주의 화가들의 이론에 따라, 보이는 컬러 너머 화가 자신이 느끼는 컬러를 표현했기 때문이다. 그의 그림 속에는 프랑스, 즉 서구 사회가 바라보던 원시 세계에의 동

폴 고갱, 〈언제 결혼하니?〉, 1848

폴 고갱, 〈아레아레아(기쁨)〉, 1848

경과 정복 욕구, 지배하고자 하는 욕망이 배어 타히티를 더욱 이국적이고 신비로우며 탐스럽게 묘사했다고 보여진다. 그의 그림 속 여성들은 실제보다 훨씬 어두운 피부로 묘사되었으며 타히티의 나무와 대지 곳곳에 오렌지 컬러가 더해져서 더욱 화사하고 강렬하게 생기가 부여되어 보인다.

어린 시절을 페루에서 보냈던 그는 타히티를 묘사한 강렬한 컬러 톤을 그 시절 느꼈던 페루의 태양빛에서 찾지 않았을까 싶다. 이는 도시와 문명을 떠나 때 묻지 않은 페루의 시골 마을에서

ORANGE

느꼈던 순수한 원시성을 동경했던 그가 모든 것을 버리고 오랜 기간 타히티에서 머물며 작품 활동을 이어 갔던 행보에서 짐작해 볼 수 있다.

고갱은 컬러뿐 아니라 형태에서도 입체감과 원근법을 중시하던 당대의 화풍을 무시하고, 단순하고 평면적이게 보이는 그림들을 그렸다. 중세와 현대 미술에 다리 역할로 사진기와 같이 보이는 그대로의 묘사가 아니라 화가 자신의 시각과 해석을 거쳐 탄생시킨 예술로, 예술에 대한 진정한 의미와 새로운 가치를 정립하는 중요한 시도였다.

"엉뚱하게도 나는 늘 어디론가 멀리 사라져 버리는
상상을 하곤 했다."

폴 고갱, 화가

자유를 갈망하며 보헤미안의 삶을 살았던 탓일까. 그는 본인을 야만인으로 칭하기도 했는데, 그에게 야만인은 인간의 가장 자연스러운 상태이자 가장 완전한 상태가 아니었을까 싶다. 그의 삶 속에 그리고 작품 속에 녹아 있는 가장 원시적이면서도 이국적인 오렌지는 오늘날 이를 보는 우리 역시 자유롭고, 꿈을 꾸도록 만든다.

변화와 혁신, 창조

에르메스의 오렌지

에르메스Hermès만큼 오렌지 컬러에 유명세를 안긴 브랜드는 찾기 힘들다. 많은 이들이 에르메스의 로고가 찍힌 오렌지 박스를 상상하는 것만으로도 입가에 미소가 지어지니 말이다. 패션을 사랑하는 사람의 로망이자 명품 브랜드로 독보적인 역사를 쓰는 에르메스는 언제부터 오렌지를 대표 컬러로 사용했을까?

에르메스를 대표하는 컬러로 브랜드의 태동부터 운명을 함께 해왔을 법한 오렌지 컬러는 사실 브랜드 존폐 위기의 가운데 탄생했다. 1920년대 크림색 바탕에 금색 선이 들어간 패키지를 사용하던 에르메스는 제1, 2차 세계대전을 거치며 물자 공급이 어려워지자 패키지를 머스터드 컬러로 변경한다. 하지만 이마저도 물량 공급에 어려움이 생기자 당시 비교적 구하기 쉽고 저렴했던 오렌지 컬러 염료를 패키지에 적용한다. 이를 시작으로 오늘날에 이르기까지 오렌지는 에르메스의 상징으로 로고와 패키지, 인테리어 전

명품 패션 브랜드 에르메스의 상징색 '에르메스 오렌지'

반에 두루 활용되고 있다. 전쟁이라는 척박하고 일촉즉발의 상황 속에서 가장 값이 싸고 선호하지 않던 컬러인 오렌지가 명품 중의 명품인 에르메스를 대표하는 컬러로 자리 잡은 것이다. 당시야 그렇다 치더라도 오늘날까지 약 80년이라는 긴 시간 동안 오렌지는 어떻게 그 자리를 굳건히 지키고 있는지 궁금하지 않을 수 없다.

오렌지 컬러는 사실 유럽에서 친근한 컬러가 아니다. 다른 컬러에 비해 정착된 시기도 짧을뿐더러 이국적인 색채가 강하다. 무엇보다 전통을 목숨같이 여기는 에르메스에게 이는 큰 리스크였다. 하지만 에르메스는 이처럼 생소하고, 이국적이며 전통적이라기엔 다소 미약한 오렌지를 '새롭고, 혁신적이며 창조적인' 의미로 진화시킨다. 이는 전통과 혁신에 대해 치열하게 고민하고 지켜온 브랜드의 철학과 더불어 지금껏 걸어온 길이 컬러의 속성과 만나 새로운 의미로 확장된 결과라고 볼 수 있겠다.

> "나는 혁신과 전통의 균형을 맞추려 노력한다.
> 아무것도 바꾸지 않기 위해 모든 것을 바꾼다."
>
> 티에르 에르메스, 에르메스 설립자

오렌지 컬러에 대한 이해를 돕기 위해 에르메스의 브랜드 역사에 대해 알아볼 필요가 있다. 1837년 티에르 에르메스는 프랑스 파리에 에르메스를 설립했다. 당시 왕손이 말에서 떨어져 사망하는 불의의 사고로 질 좋은 마구 제품을 찾던 영국 왕실은 에르메스 가에서 만든 제품의 우수성을 알아본다. 영국 왕실 납품을 시작으로 그 이름을 해외로 떨친 에르메스는 유럽을 넘어 러시아 황제에게까지 전해지며 그 명성을 높인다. 그 시절과 같은 정신으로 '최고의 장인들이 최고의 재료로 최고의 방법을 통해 최고의 제품을 만들어 낸다'는 브랜드 철학은 오늘날 에르메스를 루이비통, 샤넬과 함께 프랑스 3대 명품으로 손꼽히게 만들었다.

이후 미국 여행을 통해 처음 자동차를 접한 3대 경영자 에밀 모리스 에르메스는 더 이상 말이 아닌 차가 범용적인 교통수단이 될 것임을 직감하고, 1920년 장거리 이동에 발맞추어 최초의 여행 가방을 출시한다. 이는 자동차에 가죽끈으로 가방을 묶어 고정하는 형태로, 디자인의 변화를 거듭하며 훗날 여행용뿐만 아니라 다양한 종류의 가방으로 진화하는 초석이 된다.

1924년부터 에르메스는 가구를 비롯한 홈 라인을 만들기 시작한다. 또 1930년부터는 액세서리, 스카프 등 제품군을 대거 확대해 미국으로 진출, 뉴욕에 첫 매장을 오픈한다. 에르메스의 우수성은 타 브랜드와 구별되는 단일 제품뿐 아니라 전 분야에서 두루 높은 퀄리티를 선보인다는 점에 있다.

에르메스의 가구와 홈 라인은 이 시기 장 미셸 프랑크의 영향을 크게 받았다. 프랑스 출신의 인테리어 및 가구 디자이너였던 그는 에르메스의 크리에이티브 디렉터로, 당시 주류였던 장식적인 아르데코 스타일에서 벗어나 미니멀리즘의 간결함을 선보이며 에르메스만의 스타일을 구축해 나갔다. 생소했던 기능주의적이고 친환경적이기도 한 그의 가구들은 100년 전에 디자인되었다고 믿기지 않을 만큼 모던하고 현대적이어서, 오늘날의 디자이너에게도 영감의 원천이 되고 있다. 특히 그는 가죽, 운모, 밀짚, 테라코타 등 다양한 자연 재료를 활용하여 개성 있는 제품들을 만들었는데, 현 시대에 가장 주목하고 있는 친환경 및 지속 가능성 관점에서도 주목할 만하다. 그는 직접 디자인한 가구와 제품을 공간에 녹여내 록펠러 같은 유명인사의 자택 인테리어를 담당하기도 했다.

에르메스의 변화와 혁신의 물꼬는 '켈리백'을 시작으로 패션 분야에서도 이어져 나간다. 1950년대 패션 아이콘이자 할리우드 배우 출신으로 모나코 왕비가 된 그레이스 켈리가 빅 사이즈의 에르메스 백으로 당시 임신한 배를 가리며 차에서 내리는데, 이 장면이 전 세계에 생중계되며 주목받는다. 이후 제품에 대한 문의가 폭주하고, 에르메스는 모나코 왕실의 허락을 받아 이 백의 이름을 '켈리백'으로 명명하게 된다. 오늘날까지 켈리백은 가장 럭셔리한 여성백의 대명사가 되었다.

이후 값싸고 질긴 인조 가죽의 인기로 주춤하던 에르메스의 가방 산업은 1970년대의 아이콘 제인 버킨을 만나며 또 한번 역전한다. 당시 에르메스는 저렴하고 효율적인 가방의 인기에 최상급의 제품인 '버킨백'으로 대항하며 승부수를 띄운 것이다. 최상급 악어가죽을 사용해 18시간 동안 오직 장인들의 손으로만 제작하기에 일주일에 두 개 이상 생산하기 어렵다는 이 가방은 희소성 덕분에 돈이 있어도 사지 못하는 절대적 가치의 제품이 되었다. 오늘날에도 저명인사와 유명인들조차 구매를 위해 대기 명단을 올리고 있으니 제작자가 구매자를 선택한다는 점에서 시장의 원리를 뒤엎은 괄목할 만한 판매 전략으로 볼 수 있겠다.

2021년에 에르메스는 '에르메스핏HermèsFit'이라는 이름의 플래그십 스토어를 중국 청도에 선보였다. 다양한 스포츠용품과 의상들을 기존에 판매하던 시그니처 벨트, 스카프와 함께 리듬감 있게 연결했는데, 럭셔리의 가치를 건강한 라이프 스타일에 초점을 맞추어 생기발랄하게 연출했다.

에스메스가 선보인 건강한 라이프 스타일을 지향하는 '에르메스핏'

이처럼 오랜 세월 다양한 분야에서 창조적인 방법으로 독보적인 퀄리티를 선보인 에르메스는 컬러에 있어서도 남다른 공정으로 이를 구현한다. 그들은 마구를 만들던 시절부터 이어져 내려온 장인정신과 노하우, 최상급 가죽과 염색 기술로 타 브랜드가 감히 따라 만들 수도 없는 선명하고 맑은 원색의 제품들을 만들어 내고 있다.

패션에 관심 있는 사람이라면 미묘한 빛깔만으로도 에르메스의 제품들을 알아볼 수 있을 것이다. 덕분에 에스메스는 블랙 일색인 럭셔리 브랜드 시장에서 '오렌지 하면 에르메스, 에르메스 하면 오렌지'라는 절대적 차별성을 갖는다.

컬러는 브랜드를 대표하기도 하지만 브랜드의 철학과 정신을 입어 진화하기도 한다. 앞으로도 '에르메스의 오렌지'는 꾸준히 브랜드와 컬러 간의 창조적 가능성을 보여주는 지표가 될 것이다.

즐거움과 재미

사우스웨스트항공의 유쾌한 오렌지

밝고 따뜻하며 친근한 오렌지 컬러는 즐거움과 재미, 유쾌함을 잘 표현한다. 이러한 오렌지의 이미지를 적극 활용한 회사가 있으니 이는 미국 저가 항공 비즈니스의 바이블이라고 불리는 '사우스웨스트항공Southwest Airlines'이다. 44년간 흑자를 낸 유일한 항공사로도 알려진 이 회사는 항공기 몸체와 승무원 유니폼에 오렌지 컬러를 적용했다.

이 항공사의 괄목할 만한 성공 요인으로 비행기 노선의 운영 체계, 효율적인 서비스, 임직원에 대한 복지, 창업자의 마인드 등 다양한 요소가 있다. 하지만 그중에서도 가장 주목받는 것은 고객의 눈높이에서 비행 과정 자체에 즐거움과 재미를 더해 '웃음을 서비스 한다'는 그들의 슬로건에 있다.

특히 사우스웨스트 항공의 기내 방송은 많은 승객을 웃음바다에 빠지게 하기로 유명한데, 이는 유튜브 영상으로도 쉽게 찾아

1970년대 사우스웨스트항공의 승무원

볼 수 있다. 항공기 내에서 금연을 안내하는 방송에서 "흡연은 비행기 날개 위 스카이 라운지를 이용해 주세요. 거기서는 영화 〈바람과 함께 사라지다〉가 상영되고 있습니다"라는 멘트를 날리며 수준급 코미디언의 팬터마임을 더한다.

또 타 항공사에서는 감히 생각하지 못할 이색 서비스도 제공되는데, 승객이 승무원과 함께 땅콩을 서빙하거나 조종실에 방문해 기장과 인사하고 조종석에도 앉아 볼 수 있다. 이러한 창의적인 노력 덕분에 승객은 비행기 탑승에 대한 고정관념을 내려놓고, 자유로운 분위기에서 비행을 즐길 수 있게 된다.

놀이 및 게임 분야의 전문가인 아담 와일더는 "놀이는 우리가 스스로를 덜 진지하게 생각하고, 좀 더 사교적이고, 창의적이며, 자신감이 넘치도록 돕는다"고 말했다. 그의 말처럼 사우스웨스트

항공은 비행 과정을 놀이로 만드는 팬 매니지먼트로 많은 고객의 선택을 받았다. 또 그들의 오렌지 역시 밝고 따뜻한 고채도의 원색 컬러로 사람들의 마음을 유연하게 하고, 움직임을 장려하며 뇌파를 자극해 창의성을 고양시키는 컬러로, 그들의 철학을 닮았다.

2014년 사우스웨스트항공은 20년 만에 CI를 비롯해 항공기의 그래픽 디자인, 승무원들의 유니폼 등 비주얼 디자인의 상당 부분을 변경했다. 컬러 역시도 오렌지에서 레드와 블루로 변경했는데, 이는 브랜드 성숙도에 발맞추어 기존보다 진중하고 단정한 이미지를 심어주기 위함이라고 항공사 측은 설명했다.

이렇듯 브랜드 컬러는 브랜드의 이미지 변화를 시각적으로 보여주는 강력한 디자인 요소가 된다. 하지만 여전히 많은 사람들은 사우스웨스트항공의 유쾌한 오렌지 컬러를 기억한다. 이처럼 브랜드의 철학과 일맥상통하는 최적의 컬러는 오랜 시간 사람들의 마음속에 기억되어 그 시절, 그 순간들을 추억하게 만든다.

네덜란드, 개신교, 자유

혁명의 더치 오렌지

오렌지가 유럽에서 컬러 이름으로 본격적으로 쓰이기 시작한 것은 인도가 원산지인 오렌지(과일)의 수입이 본격화되면서였다. 그전까지만 해도 유럽에서는 이 컬러를 부르는 이름이 딱히 없었다. 주로 "노란빛이 도는 빨강" 정도로 불렸으니 말이다. 하지만 이렇듯 존재감이 작은 오렌지 컬러를 국가의 상징으로 사용하고 있는 나라가 있다. 바로 "오렌지 군단"이라 불리는 네덜란드다. 초반부터 입지가 미약했던 오렌지는 어떻게 한 나라를 상징하는 '더치 오렌지'가 될 수 있었을까?

더치 오렌지 탄생의 배경엔 스페인의 점령으로부터 네덜란드를 해방시키고, 국가를 독립으로 이끈 민족의 영웅 오랑주orange 가문이 있다. 당시 스페인은 막강한 힘과 권력을 자랑하며 지배국의 물자와 노동력 착취는 물론 네덜란드의 개신교를 탄압하기에 이른다. 이에 네덜란드 오랑주 가문의 윌리엄 1세는 스페인에 저항하는 조직을 만들며 80년 전쟁을 이끈다. 종교의 자유는 물론 한 인간으로서의 자유를 갈망했던 그는 당시 스페인 국왕이었던 펠리페 2세 지지자의 총에 맞아 숨겨 안타깝게도 네덜란드의 독립을 보지 못한다. 그러나 이후 영국의 도움과 지속적인 혁명을 이어나간 오랑주 공국은 윌리엄 3세에 이르러 1689년 잉글랜드의 왕위에 오른다.

왕이 된 그는 잉글랜드와 아일랜드는 물론 유럽지역 전반에서 오렌지 컬러를 개신교를 상징하는 정치적 목적으로 사용했는데, 때문에 유럽 지역에서는 개신교도들을 오렌지맨이라 불렀으며 이 컬러는 개신교의 유산을 상징하는 색으로 거듭나 오늘날 아일랜드 국기에 사용하게 된다.

유럽지역 개신교에 많은 행적을 남긴 오랑주 왕가는 16~17세기에 걸쳐 가장 영향력 있는 유럽 왕실 중 하나로 손꼽힌다. 이 왕조의 전신인 오랑주 공국의 이름은 과일 오렌지가 아닌 고대 물의 신인 아라우시오arausio에서 따왔으나 국가의 위치가 훗날 오렌지를 다량으로 수입하는 경로에 있어서 많은 사람이 오렌지로 부르며, 오랑주 가문 역시 1570년경 이 컬러를 가문의 상징으로 채택한다.

출발이 어디에서 시작되었든 네덜란드 사람들의 '더치 오렌지'에는 스페인과 가톨릭에 대한 저항으로 자유를 선사한 오랑주 가문에 대한 존경심과 자긍심이 녹아 있다. 때문에 네덜란드어에

네덜란드 국왕의 생일을 축하하는 '킹스데이'

2018 평창 동계올림픽에서 오렌지 컬러 유니폼을 입은 네덜란드 스피드스케이팅 여성 국가대표

ORANGE

는 오렌지 컬러를 형용사로 사용해 '좋다, 훌륭하다'는 의미의 최상급으로 사용하기도 하고, 그들 국기에 사용된 레드를 오렌지로 부르기도 한다.

수많은 스포츠 경기에서 오렌지 유니폼으로 눈길을 끄는 네덜란드는 매년 4월 27일 '킹스데이' 축제를 개최하는데, 이때의 오렌지는 가장 화려하게 빛난다. 킹스데이는 국왕의 생일을 축하하는 이벤트로 전 국민이 네덜란드 왕가를 상징하는 오렌지 색을 입는다. 또 머리카락을 오렌지색으로 염색하거나 오렌지색 티셔츠를 입고 오렌지색 장신구로 꾸민 사람들이 모두 거리로 몰려나와 그야말로 도시 전체가 오렌지 컬러로 물든다. 더치 오렌지의 매력에 흠뻑 빠져보고 싶은 사람이라면 한 번쯤 이 축제에 참여해보는 것도 좋겠다.

더치 오렌지의 역사에서 보듯, 컬러의 상징은 역사적 사건, 특정 왕조 또는 인물과 연관되어 시대와 장소를 뛰어넘어 현재까지 이어지기도 한다. 또한 컬러에 담긴 의미의 근원이 무엇이든지 한 민족과 국가를 결속력 있게 묶는 강력한 무기가 되기도 한다.

위험과 주의

미국 재소자 의복의 오렌지

높은 가시성으로 특수한 환경에 사용하는 오렌지도 있다. 그중 하나가 바로 교도소다. 미국은 1970년도부터 재소자들의 의복을 오렌지 컬러로 지정하고 있는데, 그들은 왜 많고 많은 컬러 가운데서도 오렌지를 선정한 것일까?

국가마다 재소자들의 의복 컬러는 조금씩 다르다. 우리나라와 중국의 경우에는 블루, 일본과 호주는 그린, 타이완은 형광 그린을 활용하며, 신기하게도 영국과 프랑스는 수용복이 따로 존재하지 않는다.[1] 우리나라에서는 수용자의 거부감을 줄이고, 수용 생활에서의 효율성을 높인다는 이유로 블루를 채택했는데, 미결수에 한해서는 오렌지 컬러의 의복을 입는다. 이처럼 각 국가는 저마다의 이유와 목적으로 컬러를 선택한다.

그중에서도 미국의 재소자 의복은 오렌지 컬러로 유명하다. 미국 영화와 드라마에 종종 등장하며 오늘날 다양한 코스튬 의상

ORANGE

현재 미국의 재소자 의복

으로 활용되기도 한다. 사실 미국은 이 오렌지 컬러를 재소자의 호송복으로 처음 사용했다. 관타나모처럼 섬 한가운데에 테러범들만을 가두는 교도소가 있기도 하고, 주별로 기준이 상이해 재소자들의 이동이 잦다보니 이동 시 도주를 막기 위해 어떤 환경에서도 눈에 쉽게 띄는 오렌지를 지정한 것이다. 하지만 현재는 미국 대부분 지역의 재소자들이 평상복으로도 오렌지 의복을 입는다.

오렌지는 주목성과 가시성이 좋다는 이유뿐 아니라 재소자들에게 심리적으로 긍정적 영향을 미친다. 교도소라는 열악하고 한정된 공간에서 지내는 이들에게 오렌지는 활력과 에너지를 북돋아 주고, 자존감을 고양시켜 바르고 긍정적인 삶을 살도록 개도하는 과정에서 효과적이다.

과거 미국과 유럽의 재소자들이 입은 줄무늬 의복

과거 미국과 유럽의 재소자들은 가로로 긴 굵은 줄무늬 패턴의 수용복을 입었는데, 이는 일반 시민과 재소자를 컬러가 아닌 패턴으로 구분하기 위함이었다. 당시 줄무늬 패턴은 죄 또는 지옥을 연상시키는 부정적 의미를 가졌으며 특히 재소자들의 가로 줄무늬 패턴은 교도소의 창살을 상징했다. 하지만 일반 의복에도 다양한 패턴들이 사용되면서 단순히 패턴만으로는 이들을 구분하기 어려워지자 미국 정부는 재소자들의 의복을 특정 컬러로 지정하게 된다. 또 줄무늬 패턴 역시 시대와 인식의 변화에 따라 오늘날에는 옷장 속에 누구나 하나쯤은 가지고 있는 아이템이 되었다.

ORANGE

가시성과 주목성이 높은 오렌지는 구명 조끼와 보트, 부표에도 사용된다. 또 항공기 조정석의 음성 녹음 파일이 저장되는 블랙박스 역시 오렌지 컬러로 불의의 사고 시에도 쉽게 눈에 띄도록 활용하고 있다.

이렇듯 컬러의 쓰임은 컬러가 갖는 시각적 특징, 심리적 영향, 상징적 의미 등을 고려해 다양한 환경에 활용되며 목적과 대상에 맞게 적용하면 효율적이고 효과적인 결과를 기대할 수 있다.

활용

오렌지 계열의 컬러는 심리적으로 친근하고, 따뜻한 감성을 전달해 긍정적인 에너지를 고양시키고, 원활한 소통을 끌어낸다. 하지만 가볍고 경솔한 느낌을 줄 수도 있기에 적절한 활용이 중요하다.

패션

오렌지는 주로 포인트 컬러로 사용한다. 특히 봄과 여름 시즌에 패션 소품이나 액세서리 등에 사용해 전체적인 차림새에 생기와 에너지를 더해 사랑받는다.

인테리어

여러 사람이 모여 친목을 다지는 공간에 오렌지 계열의 컬러를 활용하면 효과적이다. 밝고 생기 있는 오렌지는 보는 사람을 긍정적이고 활발하게 만든다. 하지만 고채도의 선명한 오렌지 컬러를 넓은 면적에 전체적으로 칠하면 피로감을 유발할 수 있고 쉽게 질릴 수 있기에 공간의 성격과 면적에 따라 적절한 톤을 고려하는 것이 중요하다. 패션에서의 활용과 같이 인테리어 곳곳에 포인트 컬러로 사용하면 공간을 보다 밝고 활력 있게 만든다.

ORANGE

코스메틱

오렌지는 피치와 코랄처럼 밝은 파스텔 계열부터 선명한 원색에 이르기까지 두루 사랑받는다. 개인의 퍼스널 컬러 타입에 따라 적절한 톤의 오렌지 계열 컬러를 선택해 볼과 입술에 사용하면 피부톤을 화사하게 만들고 생기를 불어넣는 효과가 있다.

기업, 브랜드

오렌지는 톤에 따라 전하는 감성의 무게와 깊이, 이에 따른 의미가 크게 달라지기 때문에 기업, 브랜드의 로고 컬러나 패키지, 제품에 적용할 때 특히 주의가 필요하다. 원색의 오렌지는 주로 즐거움과 재미, 흥미를 유발하는 여행, 항공, F&B 분야에서 환영받으며, 콘셉트에 따라 동일 계열의 조합 또는 보색의 조합으로 사용한다.

VIOLET, PURPLE

보라

불완전하고 변화무쌍한
역동적 가치의 컬러

바이올렛과 퍼플은 레드와 블루를 섞어 만든 혼합색으로 두 컬러가 섞이는 비율에 따라 전혀 다른 온도를 지닌다. 보는 사람과 환경에 따라 따뜻하게도, 또 차갑게도 느껴지기에 다양한 해석이 가능하며 신비하고도 오묘한 컬러다. 레드와 블루의 조합으로 만들어지는 이 컬러는 남성와 여성, 감성과 이성, 북쪽과 남쪽 등 대립적인 의미가 섞여 불완전하게 보이기도 하고, 대립 속 긴장감마저 느껴진다. 이러한 긴장감은 어디로 튈지 모를 변화를 품고 있기에 역동적이고 창조적이다. 이밖에도 보라색은 고급스럽고 우아하며 정신적이고 영적이기도 하다.

보라색을 뜻하는 바이올렛과 퍼플은 색조에 따라 나뉘는데, 블루에 가까운 보라 계열을 바이올렛violet, 레드에 가까운 보라 계열은 퍼플purple로 나눈다. 독일에서는 상대적으로 자줏빛의 붉은 퍼플 컬러를 즐겨 사용하는 반면 미국에서는 청색이 도는 바이올렛을 즐겨 사용하는 등 국가마다 선호와 인식의 차이를 보인다. 유럽에서 '바이올렛'의 어원은 제비꽃의 이름에서, 퍼플의 어원은 '퍼퓨라Purpura'에서 찾을 수 있다. 퍼퓨라는 퍼플 염료의 재료가 되는 바다 고둥의 이름에서 착안한 것이다. 하지만 우리나라의 경우 바이올렛과 퍼플을 크게 구분하지 않고 보라로 이 계열 전반을 통칭해 사용하고 있다.

고대 시대 동굴 벽화에서 발견되는 바이올렛은 주로 미네랄 망간을 갈아 만들었다. 이는 짙고 어두운 빛을 띠는 보라로 숯의 대안으로 사용되기도 했다. 또 바다 달팽이 또는 성게, 고둥류에서 염료를 얻어 보라를 만들기도 했는데, 지중해 주변과 중앙아메리카에서 발견되는 컬러가 바로 '티리안 퍼플tyrian purple'이다. 구현하기 쉽지 않던 이 컬러는 왕족을 상징하는 문자나 그림에 주로 사용되었다.

중세 시대에 이르러 바이올렛과 퍼플은 황제와 왕족, 교회의 컬러로 사용되며 높은 지위를 차지했다. 하지만 18세기에 이르러서는 남녀노소 지위 고하를 가리지 않고 모두가 즐겨 입는 의복 컬러가 되었다. 단지 벨벳이나 실크와 같이 값비싼 소재의 퍼플만은 일반인이 의복에 사용할 수 없었다.

19세기엔 바이올렛과 퍼플이 합성 물질로도 만들어지며 대량 생산에 힘입어 확산된다. 특히 1862년 영국 빅토리아 여왕이 바이올렛의 실크 의상을 입고 왕립 박람회에 참석하면서 바이올렛은 유럽의 귀족들과 상류층 사이에 한동안 유행을 이어간다.

현대에 이르러 바이올렛과 퍼플은 여성들에겐 물론 남성들에게도 사랑받는 컬러 중 하나다. 또 메타버스, NFT 등 진보적인 플랫폼과 앞선 기술, 추상적인 예술작품에 즐겨 사용되는 컬러이기도 하다.

왠지 모르게 신비로운 색, 좋고 싫음의 경계가 매우 뚜렷한 색, 쉽게 다가가기에는 꺼려지나 한 번쯤 뒤돌아 다시 보게 되는 색, 감각적이고 역동적인 보라색은 생각보다 우리 곁에 가까이 있다.

이번 장에서는 빛의 그림자를 표현한 클로드 모네의 바이올렛과 낭만적이고 환상적인 안나수이의 퍼플, 고귀함과 럭셔리의 대명사가 된 현대카드의 더 퍼플, 사랑이라는 새로운 상징이 된 BTS의 '보라해 I PURPLE YOU'를 만나보려 한다.

VIOLET / PURPLE

빛의 그림자

클로드 모네의 바이올렛

"나는 결국 대기의 진정한 색을 발견했다.
그것은 바이올렛이다."

클로드 모네, 화가

프랑스의 대표적인 인상주의 화가 클로드 모네Claude Monet의 작품을 보면 인생에서 중요한 건 '무엇'이라기 보다 '어떻게'가 아닐까 싶다. 수련, 루앙 대성당, 워털루 다리, 센강 등 모네는 같은 대상을 수십 번, 수백 번까지 그린 연작을 많이 남겼다. 그에게 중요한 것은 눈앞의 대상이라기보다 그 시각, 그 순간의 빛이었기 때문이다. 때문에 시시각각 달라지는 빛을 다양한 컬러로 표현한 그의 작품들은 같은 대상을 그렸음에도 전혀 다른 감성과 분위기를 갖는다.

"색은 하루 종일 나를 집착하게 만들고, 즐겁게 하고, 그리고 고통스럽게 만든다"고 말했던 모네. 평생 태양빛을 쫓아 이를 화

클로드 모네가 1900년대 전후로 그린 〈워털루 다리〉 연작

폭에 담았던 그는 훗날 백내장으로 고생하면서도 그림 그리는 일을 멈추지 않았다. 진정한 컬러의 사냥꾼인 그가 말하는 대기의 진정한 컬러 바이올렛을 만나보자.

아름답고 신비로운 보랏빛의 이 그림은 런던의 워털루 다리를 그린 그의 연작 중 하나다. 이 시기 그는 런던에 세 차례 방문해 템스강이 내려다보이는 사보이 호텔에서 3개월가량 머물렀다. 호텔방 창문에서 보이는 워털루 다리를 그렸던 모네는 런던의 랜드마

크인 이 다리보다도 매 순간 대기의 상태에 따라 시시각각으로 변하는 빛의 질감과 산란하는 색채를 표현하고 싶었던 것 같다.

그의 작품 속 다리는 특별한 경계 없이 강물 그리고 하늘과 어우러져 하나의 덩어리로 보이는데, 평소 "대상에 진정한 가치를 부여하는 것은 주변의 분위기일 뿐"이라던 그의 말이 이 작품에도 고스란히 드러나 있다. 어디까지가 실체이고 어디부터가 그림자인지, 오직 빛을 그렸던 그는 높은 굴뚝에서 내뿜는 연기, 먹먹하고 뽀얀 안개, 일렁이는 물결 저변에 바이올렛 컬러를 입힌다.

클로드 모네가 1900년대 전후로 그린 〈워털루 다리〉 연작

다양한 컬러가 모여 만들어 내는 이 바이올렛은 그림자의 영역에서 보여줄 수 있는 가장 신비롭고 아득한 분위기를 연출한다. 또 구름 사이로 비추는 태양빛이 강물 위에 맺혀 바이올렛과 옐로의 대비로 더욱 선명하게 일렁인다. 이 다채로운 빛의 조각들은 그 찰나의 순간을 화폭에 간직해, 우리를 그때 그 시간으로 불러들인다. 모네는 100여 점의 〈워털루 다리〉 연작을 남겼는데, 밤과 낮은 물론 날씨에 따라 전혀 다른 분위기로 보이는 작품들을 감상하다 보면 대상의 본질이라 명명한 빛과 색에 대한 끝없는 그의 도

전과 집착을 느낄 수 있다.

　워털루 다리 외에도 평소 그는 물의 그림자와 빛 그림자, 증기 등을 즐겨 그렸다. 이는 〈수련〉을 비롯한 〈생 라자르 역〉 등 그의 대표작에 녹아 있다. 그는 아무런 색도 성질도 지니지 않은 물과 대기가 빛을 만나 시시각각 다른 색과 질감으로 보이는 순간을 사랑했으리라, 이 순간들이 모여 인생을 그리고 예술을 아름답게 만든다는 사실을 우리에게 너무나 잘 보여주고 있다. 다시는 똑같이 담을 수 없고, 재현될 수 없는 찰나의 아름다움에 대한 애착, 빛의

프랑스 파리의 오랑주리 미술관에 전시된 클로드 모네의 〈수련〉 연작

시간을 그림에 담고자 노력했던 그는 이렇게 인상주의의 시작과 끝을 지켰다.

"나는 날마다 새롭게 아름다운 것을 발견한다."

클로드 모네, 화가

모든 빛, 모든 컬러에는 아름다움이 담겨 있다. 오늘날에도 매 순간 치열하게 이 아름다움을 전한 그의 작품을 마주할 수 있는 것이 우리에게 얼마나 큰 기쁨인지 모르겠다. 대가가 전하는 대기의 컬러 바이올렛 속에는 다양한 질감들로 산란되는 빛의 총천연색이 모두 담겨 있다.

VIOLET / PURPLE

낭만적, 환상적인

안나수이의 꿈의 퍼플

안나 수이Anna Sui는 보라색을 떠오르게 만드는 대표적인 패션 디자이너다. 의상은 물론 액세서리와 화장품, 향수에 이르기까지 그의 퍼플은 안나 수이와 뗄 수 없는 디자인 모티브이자 정체성이며 언어다. 이민 2세대의 여성 디자이너로 미국의 고전적인 성공 스토리를 만든 안나 수이의 낭만적이고 환상적인 퍼플은 어떻게 대중들에게 사랑받을 수 있었을까?

"뉴욕의 여자 마법사"라고 불리는 안나 수이는 모던한 정통 하이패션을 추구하는 뉴욕 패션계에 로맨틱하고 보헤미안스러운 그런지 룩grunge look을 선보이며 이목을 집중시켰다. 그런지 룩은 1960~1970년대 히피 의상에서 주로 보이는 하류층의 스타일이다. 그는 구속받고 싶지 않고, 자유로운 삶을 꿈꾸는 현대인의 욕구를 반영해 실용적이고 감각적인 패션 스타일로 이를 탈바꿈 시키는 데 성공한다. 이민 2세대로 어릴 때부터 패션 감각에 남다른

낭만적이고 환상적인 이미지가 담긴 안나수이의 '수이드림 인 퍼플'

안나수이의 정체성인 보라색과 검정색, 나비과 장미 패턴

VIOLET / PURPLE

재능이 있던 그에게는 꿈이 있었다. 바로 뉴욕에 자신의 브랜드를 런칭하는 것. 오늘날 그의 브랜드는 1992년 뉴욕 소호에 첫 플래그십 스토어를 시작으로 LA, 서울, 상하이, 도쿄 등 전 세계 도시에 200여 개의 부티크 매장으로 확대하며 성장했다.

> "세상의 모든 것이 보라색이었으면 좋겠다. 라벤더밭에서
> 안나수이 드레스를 입고 자전거를 타고 돌아다니거나 집에
> 두기 위한 아름다운 바이올렛 부케를 만들거나 블루베리
> 컵케이크를 만들거나 이런 일들을 통해 우리의 일상이
> 보랏빛 꿈처럼 특별해지기 바란다. 수이드림 인 퍼플의
> 세계가 바로 마법 같은 보랏빛 세상이다."

'수이드림 인 퍼플' 광고 카피

2000년에 처음 런칭했음에도 여전히 안나수이를 대표하는 이 사랑스러운 향수의 광고 카피에는 그가 그리는 퍼플에 대한 특별한 애정과 낭만적이며 환상적인 이미지가 고스란히 녹아 있다. 인생의 로맨틱하고 열정적인 순간을 회상시켜 준다는 이 향수는 여성의 핸드백을 모티브로 삼았고 부드러운 샌딩 마감의 유리병에 퍼플 컬러의 액체를 넣어 정체성을 유지했다. 향은 이에 걸맞게 오리엔탈 바닐라로 부드럽고 파우더리하다. 수이 드림은 안나 수이가 코스메틱 라인을 런칭한 뒤에 두 번째로 선보인 제품으로, 그의 정체성이자 꿈의 컬러인 퍼플을 시각과 촉각, 후각으로 확장

런던 패션 섬유 박물관에서 열린 전시 '안나수이의 세계'

해 표현한 것이다.

안나수이를 대표하는 이 퍼플은 어린 시절부터 그녀의 뮤즈였던 바비 인형을 조금 더 성숙하고 우아하며 이국적이게 표현한 컬러로 주로 블랙과 함께 사용했으며, 나비와 장미, 꽃 패턴을 곁들여 디자인 모티브로 삼았다.[1]

수이의 퍼플은 수많은 브랜드와의 협업으로도 유명하다. 그는 패션과 전자제품, 자동차 분야를 넘나들며 새로운 제품들을 선보였다. 2005년에는 삼성전자와 협업한 안나수이 폰, 마텔과 협업한 안나수이 바비, 2012년에는 코치와의 협업으로 안나수이 핸드백 라인을 대중들에게 선보인다. 이밖에도 포드의 머스탱, 일본의 인기 만화 캐릭터 '세일러문', 스타벅스와도 협업한 바 있다.

이러한 그의 행보를 높게 평가한 런던의 패션섬유박물관은 2017년 '안나수이의 세계'라는 제목의 전시회를 선보이기도 했다. 이 전시는 미국 패션 디자이너를 소개한 영국 최초의 박물관 회고전이었으며, 이후 그는 2018년 유엔에서 주는 여성 기업가 정신의 개척자 상을 수여하기도 했다.

《타임》이 선정한 '10년 최고의 5대 패션 아이콘'에 이름을 올리기도 한 안나수이. 그의 아이코닉한 퍼플이 이 시대를 살아가는 많은 소녀들과 여성들에게도 낭만적이고 환상적인 꿈을 심어줄 수 있으면 좋겠다.

고귀함, 럭셔리

현대카드의 더 퍼플

럭셔리를 대변하는 퍼플은 프리미엄 제품과 서비스를 제공하는 브랜드에서 자주 사용하는 컬러다. 중세 유럽을 배경으로 하는 영화와 드라마에서도 자주 찾아볼 수 있는 이 컬러는 퍼플이 갖는 화려하면서도 우아하고 사치스러우며 무게감 있는 매력을 잘 보여준다. 그렇다면 이 매력적인 컬러는 언제부터 럭셔리의 상징이 되었을까? 이를 차용한 현대카드 '더 퍼플the Purple'의 사례를 통해 알아보자.

엘리자베스 2세의 왕관에 105캐럿의 다이아몬드 코이누르와 함께 위엄을 뽐내기도 한 퍼플은 유럽 국가의 여러 왕실에서 전해 내려오는 의복과 장신구에서도 엿보이며 그 기원은 고대 그리스에서 찾아볼 수 있다. 서기 4세기경 티리안 퍼플(짙은 갈색 계열의 퍼플)은 오직 왕의 의복에만 사용할 수 있었던 컬러로 이를 위반하면 사형에 처하기까지 했다. 이후 로마 공화정에서도 퍼플의 위

영국 왕실을 상징하는 '제국 왕관'

상은 높았는데 전장에서 승리한 장군만이 퍼플 또는 골드의 가운을 입을 수 있었고, 원로원과 집정관과 같은 지도자 계급만이 퍼플 컬러의 띠를 둘렀다. 왕가의 자손들의 경우, 갓 태어난 아기를 퍼플 컬러의 천에 감쌌는데 이렇듯 이 컬러가 특권계층에게 사랑받은 이유는 바로 희소성 때문이었다.

기원전 1500년경 페니키아인이 최초로 퍼플 컬러의 제조법을 알고 있었다고 추론된다. 그들은 주로 가시 달팽이를 끓여 퍼플 염료를 만들었다. 달팽이를 썩혀 만드는 이 염료는 그 냄새가 무척 고약했고, 많은 노동력과 제조 시간을 요했으며, 100리터의 달팽이 죽에서 겨우 5리터의 염료를 추출할 수 있었다. 오늘날에도 고대의 퍼플 제조 방식에 따라 천연염료를 만드는 회사들이 있다. 퍼플 염료 1그램을 만드는 데 약 1만 마리의 달팽이가 필요하고, 이렇게 만들어진 염료 1그램은 한화로 200만 원 정도였다고 하니 고대뿐 아니라 현재에도 그 가치가 무척 높다.

가치가 권력의 도구로 사용되기도 했던 퍼플은 그 탄생만큼이나 고귀함과 럭셔리를 상징하며 오늘날에 이르기까지 다양한 산업에서 차용되고 있다. 세련된 컬러 마케팅으로 변화를 거듭하는 현대카드의 '더 퍼플' 역시 같은 상징성을 갖는다.

현대카드는 사용자의 라이프 스타일을 다양한 예술, 문화 코드와 연결해 감각적이고 힙한 서비스를 제공하는 카드사다. 과감한 컬러 마케팅을 앞세워 보수적이고 딱딱한 기존 카드사의 이미지를 벗어 던지고, 콘서트와 공연, 전시를 기획하고 다양한 공간을 통해 소비자와 적극적으로 소통하고 있다.

2009년 런칭한 프리미엄 라인의 카드는 당시 파격적인 혜택과 대우로 돌풍을 일으켰는데, 그중 하나가 바로 '더 퍼플'이다. 블랙과 레드, 퍼플, 이 세 가지 색으로 임팩트 있는 컬러 마케팅을 펼친 현대카드는 당시 리워드 혜택으로 국제선 항공권과 고급 호텔들의 숙박권을 제공했고, 포인트와 마일리지를 동시에 적립하는 더블 리워드 방식을 도입했다. 또 카드를 소지한 사람들만이 이용할 수 있는 프리미엄 라운지를 제공해 눈길을 끌었다.

현대카드는 파격적 혜택과 더불어 디자인에도 혁신적인 노력

현대카드 '더 북 프로젝트'

을 기울였다. 더 퍼플의 카드 바디에는 리퀴드 메탈lequid metal이라는 항공우주 분야의 특수 소재가 적용되어 카드 자체의 고급스러움과 내구성을 향상시켰고, 당시 미스터리하고 신비로운 분위기의 광고로 소비자들의 마음을 사로잡았다.

이후 2019년 현대카드 디자인 랩에서는 '더 북the Book' 프로젝트를 선보였다. 이는 언박싱부터 시작되는 소비자 경험의 전 과정을 디자인한다는 측면에서 카드 패키지에 변화를 준 재미있는 프로젝트다. 카드 혜택이 빼곡하게 적힌 리플릿 대신 해당 컬러의 카드 사용자들의 라이프 스타일을 적극 반영하며 실질적인 정보

디자인 선택이 가능한 현대카드 '더 퍼플'

와 혜택들이 책의 형태로 제공되었으며 책장을 넘기다 보면 카드 역시도 한 페이지에 붙어서 제공된다. 매우 독창적이고 새로운 시도였다.

더 북 프로젝트는 컬러별로 서로 다른 콘셉트를 지닌다. 더 퍼플에서는 기존의 신비하고 럭셔리한 이미지에서 확장되어 '경험과 유연함'이란 키워드를 더해 예술과 디자인, 여행에 대한 정보와 혜택을 더했다. 콘텐츠뿐 아니라 책의 외관 디자인도 남다른데, 책의 표면을 패브릭으로 마감하고 글씨는 자수로 수놓아 그 멋을 더했다. 퍼플 카드 바디 역시 두랄류미늄duraluminum이라는 고강도 메탈 소재를 적용해 내구성을 높이고 고급감을 더했다.

현재 더 퍼플은 '더 퍼플 오제the Purple osée'로 리뉴얼되어 'Not Just Luxury, 아무나 가질 수 없는 럭셔리 그 이상의 카드'라는 슬로건 아래 다양한 혜택을 본인의 취향과 라이프 스타일에 맞게 설계하도록 제공한다. 카드 바디의 디자인도 새로운 패턴 효과를 더해 소비자가 세 가지 디자인 중 고를 수 있어 선택의 폭을 넓혔다.

이처럼 현대카드의 더 퍼플은 다양한 시도와 변화 가운데 오늘날 럭셔리의 정의를 확장하고, 재구성하고 있다. 앞서가는 현대카드의 더 퍼플의 다음 변화가 기다려진다.

영원한 믿음, 사랑

BTS의 '보라해 I PURPLE YOU'

2016년 세계적인 아이돌 그룹 방탄소년단, BTS의 공식 팬미팅 자리, 팬심 강한 아미는 BTS를 위한 이벤트를 선보였다. 응원봉에 보라색 비닐봉지를 씌워 다 같이 흔들었는데, 깜깜한 공연장을 가득 채운 이 보랏빛은 그야말로 장관이었다. 이에 감사함을 표한 그룹의 멤버 뷔는 "무지개색에서 마지막에는 보라색이 있잖아요. 보라색은 상대방을 믿고 서로 사랑하자는 뜻인데, 제가 방금 지었어요. 그 뜻처럼 오랫동안 함께 볼 수 있으면 좋겠어요"라고 화답했다. 이후 바이올렛은 BTS를 대표하는 컬러로, '보라해 I PURPLE YOU'는 BTS와 아미 간에 '사랑한다'를 조금 더 의미 있게 표현한 언어로 탄생한다.[2]

과거 1990년대 아이돌 그룹들은 그들을 대표하는 컬러를 가졌다. H.O.T.는 흰색, 젝스키스는 노란색, 신화는 주황색, god는 하늘색인데, 이는 팬심을 하나로 묶고 시각적으로도 대표성을

BTS와 아미가 물들인 보랏빛 라스베이거스

갖기에 다양한 응원 상품에도 적용되곤 했다. 하지만 BTS의 보라는 데뷔 4년 차에 팬들에 의해 만들어진 색이라는 특별함이 있다. 어느 시장보다 경쟁이 치열한 엔터테인먼트 산업에서는 그룹의 컬러 역시 전문가에 의해 전략적이고 계획적으로 만들어지는 것이 일반적이다. 하지만 BTS의 경우, 팬들과 멤버가 소통하는 과정에서 아이덴티티 컬러가 결정된 것이다. 이를 시작으로 팬과 함께 호흡하고 성장한 보라는 그들이 함께한 시간과 추억을 품어 그 어떤 컬러보다 강한 결속력을 갖는다.

BTS의 영향력이 나날이 커지는 가운데 그들의 보라 역시 폭넓게 위엄을 뽐낸 바 있다. 전 세계의 랜드마크들은 BTS의 방문에 맞추어 보랏빛을 입었다. 우리는 보랏빛으로 물든 뉴욕의 엠파이어스테이트 빌딩, 런던이 웸블리 스타디움, 파리의 스타드 프랑스를 볼 수 있었다.

뿐만 아니다. BTS는 삼성전자, 아모레퍼시픽, 스타벅스, 맥도날드 등 다양한 브랜드와 협업을 이어나갔다. 맥도날드의 경우 퍼플 컬러의 패키지를 선보이며 자사의 브랜드 컬러를 내려놓고, BTS의 퍼플로 아기자기하고 재미있는 제품들을 선보였다. '방탄소년단', '보라해' 등의 한글 역시도 디자인 요소로 활용되어 국가의 위상을 높이기도 했다.

BTS와 컬래버 캠페인 'Be the Brightest Stars'를 진행한 스타벅스

VIOLET / PURPLE

맥도날드와 BTS가 함께 선보인 '더 BTS 세트'와 각종 패키지

눈에 보이는 컬러를 뛰어넘어 '보라해'에 역사상 전무후무한 '사랑'이라는 의미를 더한 BTS의 보라가 전 세계 많은 이들에게 위로와 감탄이 되길 대한민국의 한 사람으로 응원한다. 언젠가 이 보라빛의 물결을 세계 곳곳에서 다시 볼 수 있길 소망한다.

바이올렛은 특유의 차분하면서도 신비로운 분위기로 심리적 힐링과 정신적 수양에 도움을 주는 테라피 효능을 지닌다. 또 고차원적인 영적 세계를 상징하기에 종교적으로도 자주 사용되는 컬러다. 하지만 때론 지나치게 내향적이고 비현실적으로 보일 수 있으니 주의해 사용하는 것이 좋다.

패션

바이올렛은 개성을 중시하고, 세련되며 우아한 느낌을 동시에 전할 수 있어 사랑받는 컬러 중 하나다. 또한 고급스럽고 여성적인 매력을 극대화할 수 있는 컬러 중 하나로 여겨진다.

인테리어

라벤더와 같이 밝은 파스텔톤부터 짙은 바이올렛 계열까지 폭 넓은 영역의 컬러를 공간에 사용할 수 있다. 다만 침실이나 명상 공간 등 육체적 활동보다는 차분하고 심리적 안정이 필요한 공간에 사용하는 것이 적절하며, 강하고 선명한 바이올렛을 사용할 경우 벽면이나 바닥 전체보다는 소품이나 쿠션 또는 좁은 면적에 포인트로 사용해 독특한 분위기를 연출하는 것이 좋다.

VIOLET / PURPLE

아트, 게임, 엔터테인먼트

눈에 보이는 가시광선의 끝에 존재하는 의미 있는 이 컬러는 미디어 아트나 게임, 가상세계를 배경으로 하는 분야에서 적극적으로 활용하는 추세다. 로봇, 전기 자동차와 같이 기술 주도의 산업 분야에서도 우리는 바이올렛을 자주 접하게 된다. 조명이나 라이팅을 활용한 빛의 산란 효과로 연출된 짙은 블루에서부터 바이올렛 영역의 컬러 스펙트럼은 미래 지향적이고 혁신적인 분위기를 연출한다.

또 감성적 몰입도가 높아야 하는 영화, 뮤지컬, 콘서트 등의 엔터테인먼트 산업에서 무대 연출이나 의상, 소품 등에 활용되어 고유의 그윽한 분위기를 만든다.

기업, 브랜드

비교적 활용도가 낮았던 바이올렛은 다양한 분야에서 러브콜을 받고 있다. 그동안 익숙하게 사용했던 기본색(레드, 옐로, 그린, 블루 등)에서 벗어나 시각적 차별화 포인트로 선보이기도 한다. 새롭고 혁신적인 서비스 또는 제품군이나 고급스럽고 럭셔리한 제품, 패키지에 적용하는 것이 효율적이며 이때에는 골드, 실버 등 금속성이 짙은 메탈릭 컬러 또는 고급스러운 소재, 재질과 함께 적용하면 더 좋은 결과물을 만들 수 있다.

PINK

핑크

로맨틱하고 부드러운
꿈과 낭만의 컬러

핑크만큼 로열티 높은 마니아층을 거느린 컬러가 있을까 싶다. 핑크를 좋아하는 이들은 옷부터 가방, 액세서리, 인테리어, 차에 이르기까지 본인은 물론 주변까지 핑크로 물들인다.

"핑크는 단순한 색이 아닌 태도다!"

마일리 사이러스, 가수

미국의 인기 가수이자 배우인 마일리 사이러스는 강하게 핑크에 대한 애정을 드러낸 바 있다. 핑크를 좋아하는 이들에게는 이와 같이 대체 불가한 애정과 공감대가 있다.

핑크는 부드러운 색조만큼이나 따뜻하고 긍정적 의미를 지닌다. 꿈과 사랑, 로맨스, 어린 시절의 추억, 매력과 에로티시즘, 부드러움과 달콤함, 개성과 모성 등을 상징하며 확고한 영역을 지킨다. 하지만 유치하거나 미성숙한, 나약한, 퇴폐적인 등 부정적 이미지를 동시에 지니고 있으므로 함께 매칭하는 컬러의 선정이 무엇보다 중요하다.

핑크는 정해진 이름 없이 오랜 세월 장미를 뜻하는 로즈roses로 불렸다. 유럽의 여러 나라에서 핑크는 '작은 레드', '어린 레드' 등 레드의 하위 개념으로 여겨졌는데, 이 컬러에 '핑크'라는 이름이 공식화된 것은 17세기에 이르러서였다. 이는 핑크색의 꽃을 피우는 패랭이꽃pinks 이름에서 차용되었는데 패랭이 꽃잎과 같은 지그재그 모양을 의미하기도 했기에 '핑킹가위'의 어원이 되기도 한다.

PINK

기원전 800년경에 기록된 《오디세이》에는 '장밋빛 손가락'이라는 표현이 기록되어 있다. 이 시기 핑크는 장미의 컬러로 묘사되곤 했으며, 로마의 시인들은 핑크를 새벽을 묘사하는 컬러로 활용했다.

중세 시대에 귀족들은 의복의 컬러로 진홍색과 같은 레드에 보다 가까운 짙은 핑크색을 선호했으며 르네상스 시대에 이르러 파스텔 핑크가 성모 마리아의 옷에 칠해지기 시작한다.

16세기에 이르러 핑크는 그림 속 사람들의 얼굴에 생기를 더하는 용도로 사용되었다. 아이들과 여인들의 볼과 입술에 덧칠했지만, 이때까지 큰 의미를 갖거나 주목받지 못했다.

하지만 18세기에 이르러 핑크는 눈부시게 화려하고 광범위한 영역에서 전성기를 맞는다. 장식적이고 여성적인 로코코 양식의 영향으로 파스텔톤의 컬러들이 트렌드의 중심에 서면서 핑크는 여성들의 옷은 물론 액세서리, 보석, 인테리어, 가구 및 오브제에 이르기까지 고유의 부드럽고 사랑스러운 분위기를 더한다. 특히 루이 15세 왕의 정부이자 정치, 예술 분야에 큰 영향을 끼친 퐁파두르 부인이 파스텔 핑크를 좋아했는데 그는 파스텔 블루와 핑크 조합의 옷을 주로 즐겨 입었다. 이 시기까지만 해도 핑크는 특정한 성姓에 대한 의미나 상징성은 없었다.

그러나 19세기에 이르러 핑크는 소년의 컬러로 인식되었다. 남성을 뜻하는 레드에서 밝아진 핑크는 작은 남성을 상징하며, 소년들은 옷에 핑크 리본이나 장식을 달았다. 이러한 핑크가 여성스러움을 대변하는 컬러로 변모한 것은 미국의 34대 대통령의 영부인 마미 아이젠하워 때문이다. 여성스럽고 따뜻한 이미지로 존경받던 마미는 평소 핑크 컬러의 의상을 즐겨입었다. 더욱이 남편의 대통령 취임식 때 핑크 컬러의 원피스를 입었는데, 이 모습이 생중계되며 미국에서 핑크는 대중들에게 여성스러움 상징하는 컬러로 각인된다.

이후 핑크는 전 세계 패션 디자이너들의 러브콜을 받으며 고급스러운 여성복 컬러로 사랑받는다. 이어 미국의 여러 마케터들에 의해 핑크는 여자아이를 상징하는 컬러로 오늘날까지 이어져 오고 있다.

20세기에 이르러 핑크는 초현실주의 예술가들에 의해 색다른 인식의 전환을 맞는다. 개성을 중시하며 창조적이고 팝한 핑크는 무척이나 대담해진다.

오늘날 핑크는 여성과 연관된 패션, 액세서리, 코스메틱, 디저트, 자선 단체 등의 분야에서 주로 활용되며 과거를 추억하는 노스텔지아적 무드나 긍정적 미래의 이미지를 대변하며 상징적인 면에서 끊임없는 성장을 거듭하고 있다.

이번 장에서는 낭만과 사랑, 그리움의 상징이 된 영화 〈그랜드 부다페스트 호텔〉 속 핑크와 파격적이고 대담한 스키아파렐리의 쇼킹 핑크, 아름다움과 행복을 표현한 르누아르의 핑크와 진정, 안정의 효과가 있는 페피콘 교도소의 쿨 다운 핑크를 만나보자.

낭만과 사랑, 그리움

영화 〈그랜드 부다페스트 호텔〉 속 핑크

"지나온 적 없는 세계들에 대한 근원적 노스텔지어."

이동진, 영화평론가

　이동진 영화평론가의 말처럼 영화 〈그랜드 부다페스트 호텔〉
을 잘 요약한 문장이 또 있을까. 지나간 시절에 대한 아련한 추억
과 그리움, 그 시절을 살았던 이들의 꿈과 환상, 달콤한 사랑과 행
복의 감정…. 웨스 앤더슨 감독은 이 모든 감성을 핑크에 담았다.
아름다운 색감, 독특한 구도, 위트 넘치는 연출 방식을 통해 그만
의 스타일과 미학이 돋보이는 핑크빛 〈그랜드 부다페스트 호텔〉
로 들어가 보자.

　1930년을 배경으로 하는 이 영화는 동화 속에나 존재할 법한
호텔, 그랜드 부다페스트를 다녀간 세계 최고의 부호 마담 D.의 살
인 사건으로 시작한다. 살인이라는 잔인한 소재와 상반되게 영화

핑크 컬러의 미장센이 돋보이는 영화 〈그랜드 부다페스트 호텔〉

PINK

속 색채는 밝고 아름답다. 이는 제1차 세계대전이 발발하기 전 예술과 문화가 가장 아름답게 꽃피웠던 벨 에포크 시절을 그리워한 앤더슨 감독의 취향을 반영했기 때문이다. 1969년생인 그 역시도 직접 겪어보지 못했지만 그 시절을 추억하며 아련하고 몽환적인 자신의 감성을 파스텔 핑크빛으로 이 호텔 전반에 드리웠다. 영상을 보는 우리 역시도 그의 시선을 따라 핑크빛 안개 속 아득한 그 시절로 빠져든다.

이렇듯 앤더슨 감독은 그만의 감성적 컬러 팔레트를 독특한 방법으로 영상에 담아 작품을 제작한다. 특히 그는 컬러풀한 원색으로 시각적 리듬감과 재미를 더하는 것으로 유명한데 〈그랜드 부다페스트 호텔〉에서는 호텔의 지배인이자 살인 사건의 용의자로 지목된 구스타브가 바이올렛 컬러의 유니폼을 입고 등장한다. 이 선명한 바이올렛과 호텔 내부의 짙은 레드, 마담 D.의 옐로 원피스 등은 다소 흐릿해 보일 수 있는 파스텔 핑크와 어우러져 특유의 색감으로 감각적인 그만의 미장센을 연출한다. 여기에 세로 중심의 화면 구성이나 화면 비율의 차이로 시대를 구분하는 디테일 등 세심한 그의 인장들 덕분에 이 영화는 앤더슨 감독 스타일의 정점을 찍은 작품으로 평가받는다.[1]

영화 속에 등장하는 사랑스러운 디저트 가게 '맨들스' 역시 파스텔 핑크로 그려진다. 맨들스는 호텔 로비 보이인 제로가 사랑하는 아가사가 일하는 가게로, 이 둘은 호텔 지배인인 구스타브를

영화 〈그랜드 부다페스트 호텔〉에서
가장 로맨틱한 순간을 표현한
핑크빛 맨들스 상자

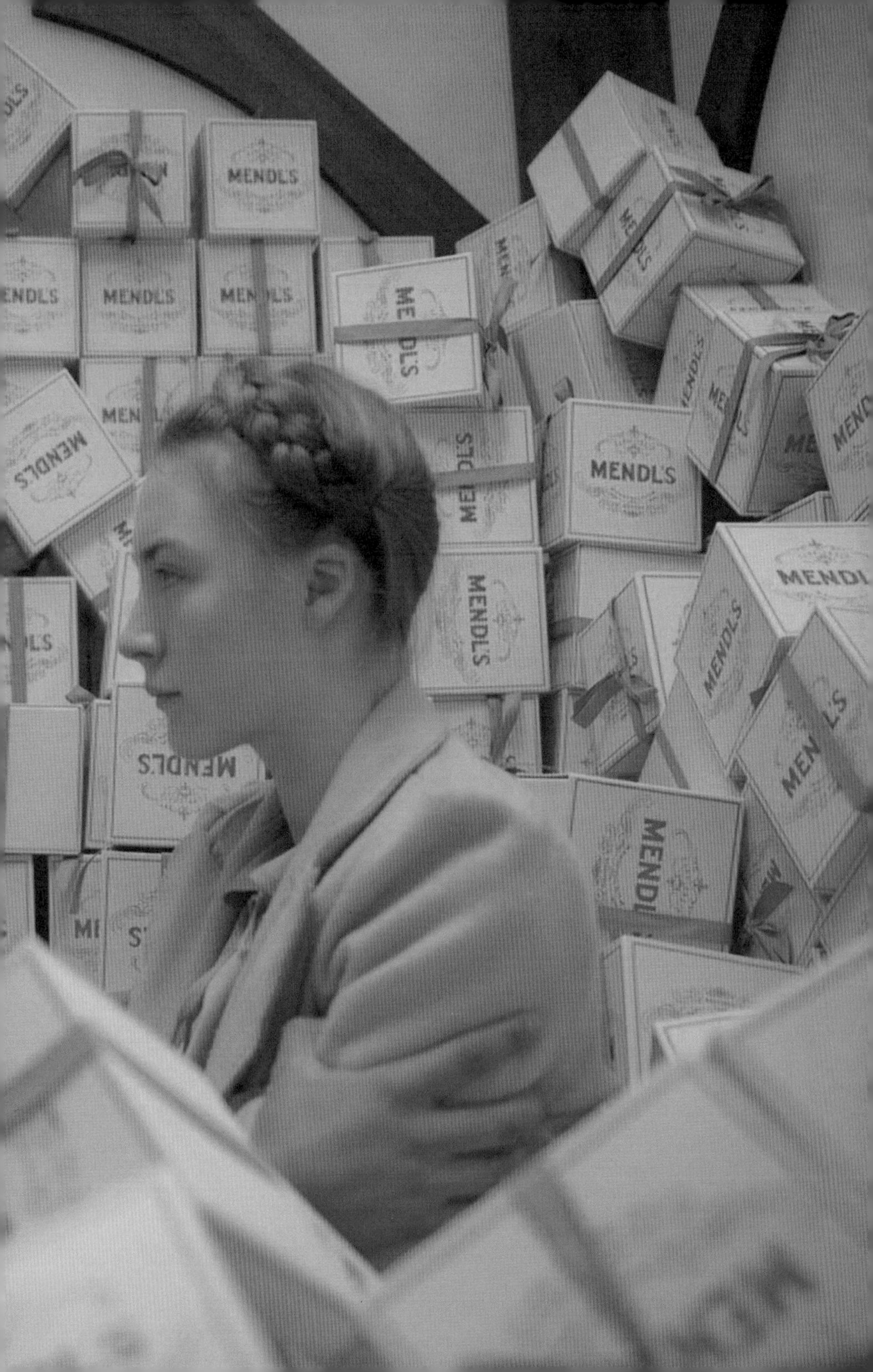
MENDL'S
MENDL'S
MENDL'S
MENDL'S
MENDL'S
MENDL'S
MENDL'S

도와 그의 결백을 밝히는 여정을 함께하며 서로 사랑에 빠진다. 감독은 두 주인공이 맞는 절정의 위기 상황을 가장 로맨틱한 순간으로 바꿔 그만의 위트를 발휘한다. 그는 두 주인공이 막다른 길에서 맨들스의 상자 더미로 몸을 던진 후, 서로를 찾고 다독이는 하이라이트 장면을 파스텔 핑크로 영상 가득히 물들였다.

이 장면의 배경이 되기도 한 맨들스의 트레이드 마크인 코르티잔 초콜릿 케이크 상자는 파스텔 핑크의 정사각형에 붉은 로고와 푸른 리본 끈을 묶어 레트로한 감성을 자아낸다. 이 작은 상자에는 앤더슨 감독이 재현한 과거 낭만적인 스타일과 더불어 디저트의 달콤함, 로맨틱한 사랑이라는 의미가 복합적으로 담겨 있어서 매력을 더한다. 또 리본을 풀면 자동으로 열리는 복잡한 구조를 가지고 있는데, 영화를 본 팬들은 이 상자를 만드는 도면과 영상, 코르티잔 초콜릿 케이크 레시피 등을 SNS에 올려 재현해 보는 등 맨들스에 대한 다각도의 팬심을 드러내고 있다.

이밖에도 웨스 앤더슨 감독은 이 영화를 비롯해 〈문라이즈 킹덤〉, 〈카스텔로 카발칸티〉 등 다수의 캐릭터 강한 작품들에서 인상 깊은 색채 감각을 선보였다. 또 영상 속 그의 스타일로 연출된 광고들과 인테리어, 재품 패키지도 다수 있다. 그의 독특한 색채 감성은 《웨스 앤더슨 컬렉션 : 일곱 가지 컬러》라는 책으로 출간되기도 했으며 '우연히 웨스 앤더슨 : 어디에 있든, 영감은 당신 눈앞에 있다'라는 타이틀의 전시가 국내에서도 선보인 바 있다.

살인과 이기심, 거짓과 욕망 등 유쾌하지 않은 소재를 다루면서도 "어른들의 동화"라 불리는 이 영화를 보면서 컬러에만 변화를 주어도 우리의 일상은 동화가 되지 않을까 생각해 본다. 팬층을 확고히 한 그의 동화 같은 색감은 하나의 트렌드 축으로 앞으로 많은 영화와 영상, 광고와 예술작품, 브랜드에 영감을 줄 것으로 예상된다.

파격적인, 창조적인, 대담한

스키아파렐리의 쇼킹 핑크

'최초'와 '파격'이란 수식어가 늘 따라다니는 디자이너, 패션과 예술, 대중문화의 경계를 자유롭게 넘나든 패션 디자이너, 동시대 여성 디자이너로 코코 샤넬이 미치도록 질투했다는 여자, 바로 엘사 스키아파렐리Elsa Shciaparelli다. 그는 1990년 자서전에서 이렇게 말했다. "내가 선호하는 옷은, 내가 평생 만들어 왔으나 아직 존재하지 않는 옷, '미래의 세계' 같은 것이다." 세계적인 주간지 타임의 표지를 장식하기도 했던 이 여성 디자이너는 1938년 향수 '쇼킹 핑크shocking pink'를 출시하는데, 당시 큰 파장을 일으킨다. 그만의 사상과 스타일이 고스란히 녹아 있다고 평가되는 이 향수는 어떻게 탄생하게 되었을까?

스키아파렐리의 '쇼킹 핑크'는 그 이름에 걸맞는 핫핑크색 패키지와 할리우드 배우 메이 웨스트의 몸매를 모티브로 만든 향수병 디자인으로 향에 섹시하고 관능적인 이미지를 더했다는 점에

PINK

스키아파렐리와 향수 '쇼킹 핑크'와 상징 컬러 '쇼킹 핑크'

서 큰 화제를 불러일으킨다. 처음 그는 향수의 이름을 '쇼킹'이라고 지었으나 제품을 접한 사람들은 강렬한 핑크에 대한 기억으로 "쇼킹 핑크"라 불렀으며 그도 향수 이름을 변경하게 된다. 이후 쇼킹 핑크는 스키아파렐리 디자인 하우스의 독보적인 시그니처 제품으로 자리 잡았다. 또한 오늘날에 이르기까지 예술적이고 자유분방한 그를 상징하는 컬러인 동시에 파격적이고도 창조적이며 대담한 컬러로 인식되며 다양한 산업군에서 차용하고 있다.

쇼킹 핑크에 사용된 핑크처럼 비비드톤의 선명한 컬러들은 인간의 창조성을 고양시킨다고 알려져 있다. 시각적으로 강렬한 컬러군이 우리의 뇌에 다채로운 자극을 주며 보다 능동적으로 사고하도록 돕기 때문인데, 뇌가 빠르게 성장하는 어린 아이들 용품에 밝고 선명한 컬러를 주로 사용하는 이유가 바로 이 때문이다. 또 어린아이들뿐만 아니라 많은 예술가 역시 강렬한 컬러를 활용해 새롭고 드라마틱한 시각적 자극을 예술로 승화시키곤 한다. 패션 디자이너로 예술가들과 최초의 콜라보레이션을 시도했던 스키아파렐리 역시 이러한 강렬한 핑크 컬러를 활용해 자신의 작품에 임팩트를 더했다.

그의 쇼킹 핑크는 여성을 상징하면서 소심하고 차분하며 입지가 약했던 핑크의 이미지를 파격적이고 대담하며 개성 넘치게 탈바꿈시켰다. 이 핫한 컬러는 향수뿐 아니라 블라우스, 이브닝 케이프를 비롯한 그의 의상과 립스틱, 핸드백 등의 액세서리 디자인 전반에 적용되어 시그니처 컬러로 입지를 굳힌다.

이탈리아에서 태어나 1930년대 유명 패션 디자이너로 파리에서 활동했던 그는 대학에서 심리학을 공부했고, 패션의 왕이라 불리던 폴 푸아레 밑에서 공부하며 패션 세계에 입문했다. 그는 어떤 디자이너보다도 동시대 예술가와 적극적으로 교류를 이어나갔는데, 그에게 패션은 단순히 입는 옷이 아닌 예술과 철학, 음악과 미술을 담는 캔버스 그 이상을 의미했다.

그와 친분이 두터웠던 예술가 중에는 우리에게 잘 알려진 살바도르 달리, 알베르토 자코메티, 마르셀 뒤샹, 파블로 피카소 같은 거장들도 포함되어 있다. 특히 그는 초현실주의 예술가에게 많은 영향을 받았으며 그들은 모두 논리와 이성을 떠나 낯섦을 통해 우연히 발견되는 경이로움과 아름다움을 추구했다. 초현실주의는 그 어떤 미술사조보다도 아방가르드하고, 표현 방식도 자유로우며 현대미술에 끼친 영향도 막대하다. 때문에 그는 새로운 개념의 작품들을 남겼으며 이는 오늘날 흔히 이루어지는 패션과 예술의 콜라보레이션의 초석이 되었다.

스키아파렐리는 일상 속의 오브제를 익숙하지 않은 대상으로 옮겨 파격적이고 기이하며 자유분방하게 표현하는 방식으로 초현실주의적인 패션을 선보였다. 이를 통해 1937년 그가 아트 컬래버레이션 대표작으로 선보인 '구두 모자shoe hat'에서는 그의 유머

러스하고 위트 있는 예술적 상상을 엿볼 수 있다. 이 모자는 커다란 여성 구두를 거꾸로 뒤집어 머리에 쓰는 형상으로 처음 볼 때는 우스꽝스럽고 장난스럽다가도 나름의 우아한 실루엣과 곡선미에 다시 눈길이 간다. 또한 1980년 이후 모자 디자인의 르네상스 시대에 당시의 모자 디자이너들에게 가장 큰 영향을 미친 것은 가브리엘 샤넬의 보수적이고 전통적인 스타일이 아니라 스키아파렐리의 창의적인 영감이었다고 하니 그의 디자인이 얼마나 대단한 시도였을지 평가된다.[2]

같은 해에 그는 살바도르 달리와 협업해 '로브스터 드레스 lobster dress'를 선보였다. 크림색의 드레스에는 커다란 바닷가재가 그려져 있는데 이는 죽을 때까지 탈피를 거듭하며 성장하는 바닷가재를 모티브로 초현실주의 패션을 완성한 것이다. 여기서 바닷가재는 달리가 가장 즐겨 사용했던 모티브로도 알려져 있다. 이 드레스는 당대에 유명한 유명인사였던 영국의 윈저 공작부인 월리스 심프슨이 입어 더욱 화제가 되었으며 이후 그의 초현실주의 패션은 많은 부유층 부인들의 선택을 받게 된다.

제2차 세계대전이 발발하며 스키아파렐리는 미국으로 거처를 옮긴다. 당시 독일군의 스파이로 활동했던 가브리엘 샤넬과 달리 그는 나치에 대항하는 의사를 명백히 표명했으며 패션 디자인 현업에서 과감히 손을 뗀다. 종전 후 파리로 돌아오지만, 변화한 패션계에 적응하지 못한 스키아파렐리는 1954년 은퇴해 자서전인

엘사 스키아파렐리의 '쇼킹 핑크 드레스'

《쇼킹 라이프》를 집필하며 여생을 보낸다. 이 책에서 그는 패션 디자이너의 삶과 한 개인의 인생을 진솔하게 글로 담았으며, 책 표지는 자신을 상징하는 쇼킹 핑크로 감싸 정체성을 드러냈다.

2007년 토즈 그룹 회장 디에고 델라 발레는 그의 브랜드를 인수해 2013년 스키아파렐리 디자인 하우스를 재오픈한다. 덕분에 우린 잊혀버릴 뻔했던 스키아파렐리의 예술적이고 창조적인 디자인 세계를 책이 아닌 실물로 마주할 수 있게 되었다.

스키아파렐리뿐 아니라 앤디 워홀, 키스 해링 같은 팝 아티스트와 마릴린 먼로, 패리스 힐튼 같은 유명인사는 물론 밀레니얼과 같은 특정 세대도 핑크 컬러로 자신들의 정체성과 철학을 드러낸 바 있다. 하지만 디올의 여성미를 강조한 파스텔 핑크pastel pink와 구찌의 고전적인 레트로 핑크retro pink가 다르듯, 핑크는 미세한 톤에 따라 다양한 이미지를 연상시키고 서로 다른 의미를 상징한다.

핑크 컬러 안에서도 나만의 개성과 스타일을 담을 수 있다. 대담한 시도가 필요할 때, 스키아파렐리의 '쇼킹 핑크'를 활용해보면 어떨까? 이브닝 드레스에 처음 지퍼를 달고, 여성복에 최초로 숄더 패드를 넣었던 그의 남다른 시도가 이 컬러를 통해 우리의 인생에도 대담하고, 창조적이며 재미있는 발상의 전환을 가져다주길 기대해 본다.

여성, 아름다움, 행복

르누아르의 핑크

핑크로 아름다운 순간들을 기록한 화가가 있다. 그가 붙잡고자 했던 순간들은 작품 속에 등장하는 여성들의 양 볼에 홍조로 또 입술의 생기로 드리워 오늘날까지 많은 이들의 사랑을 받고 있다. 2천 점이 넘는 여성 인물화를 남긴 화가, 신이 여성의 몸을 창조하지 않았다면 과연 내가 화가가 되었을지 모르겠다고 말한 화가, 누군가 내 자화상을 그려줄 때 나를 가장 행복한 모습으로 그려줄 것 같은 화가, 바로 프랑스의 대표적인 인상파 화가 오귀스트 르누아르Pierre-Auguste Renoir다.

르누아르의 작품들을 보고 있노라면 하나같이 봄날에 피어나는 꽃송이, 일렁이는 산들바람, 부드러운 여인의 미소와 이를 감싸고 있는 따뜻한 공기가 생각난다. 그의 대표작 중 하나인 〈잔 사마리의 초상〉은 아름다운 여배우 사마리의 모습을 르누아르 특유의 색감과 붓 터치로 사랑스럽게 묘사하고 있다.

오귀스트 르누아르, 〈잔 사마리의 초상〉, 1877

이 작품은 봄날의 나른함과 포근함, 촉촉하고 또렷한 그의 눈동자와 핑크빛 입술, 볼에 드리운 생기가 달큼한 여인의 향기를 상상하게 만든다.

사마리는 당시 파리의 유명 여배우로 무척 발랄하고 쾌활한 성격의 소유자였다고 전해진다. 그는 이러한 그의 성품과 이미지를 그의 모습뿐 아니라 배경에도 표현했다. 밝은 옐로에서 핑크로 자연스레 번져나가는 컬러에는 젊은 여인의 밝고 낭만적이며 사랑스러운 모습이 녹아 있다. 게다가 평소 르누아르가 즐겨 사용한 이 따스한 핑크에는 눈에 보이는 것 이상의 그가 느낀 사물에 대한 감정이 반영되어 있다. 덕분에 우린 그의 작품들을 감상하면서 등장인물과 더불어 그가 세상을 바라보는 시각, 생각들, 감정까지도 미루어 짐작해 볼 수 있다.

그는 "예술은 아름다운 것이어야 하며, 아름다운 존재를 아름답게 그리는 것"이라며 또 "이것이 의무"라고도 말했다. 이런 그에게 여인들은 인생에서 가장 아름다운 존재이자 반드시 아름답게 그려야 할 대상이었다.

하지만 일평생 핑크빛으로 아름다움을 그리던 르누아르의 실제 삶은 그리 행복하지만은 않았다. 가난한 석공의 아들로 태어나 생계를 잇기 위해 그림을 그렸던 그는 전쟁으로 두 아들이 심한 부상을 당하기도 했고, 당뇨병으로 사랑하는 아내를 먼저 떠나보냈다. 또 말년에는 류마티스성 관절염으로 뼈가 뒤틀리고 굳어

오귀스트 르누아르, 〈피아노치는 소녀들〉, 1892

가는 고통의 시간을 보낸다. 붓을 잡지조차 못했던 그는 손가락에 붕대로 붓을 고정하면서까지 그림을 그렸다. 하루는 이런 그를 위로하러 찾아왔던 앙리 마티스에게 아래의 명언을 남겼다.

"고통은 지나가지만, 아름다움은 영원히 남는다."

오귀스트 르누아르, 화가

PINK

죽음을 앞둔 세 시간 전까지 붓을 놓지 않았던 르누아르, 이제야 그림을 조금 이해하기 시작했다는 말을 남긴 거장은 그렇게 마지막 풍경화 작품을 남기고 눈을 감았다.

그의 작품들에는 눈에 보이는 어떤 컬러나 형태를 넘어서 고통 속에서 꽃피워 낸 진귀한 아름다움이 담겨 있다. 오늘날에도 그의 작품 속 옆집 누이와 같은, 아내와 같은, 귀여운 딸내미 같기도 한 여인들은 아름다운 자태로, 미소로, 핑크빛으로 우리에게 속삭인다. 행복은 멀리 있지 않다고. 우리 곁에 아주 가까이에 있다고.

진정, 안정

페피콘 교도소의 쿨 다운 핑크

온통 핑크빛으로 꾸며진 방이 있다. 어느 소녀의 방일까 싶은 이곳은 가장 흉악한 범죄자들이 모여 있다는 스위스의 페피콘 교도소다. 심리적으로 진정과 안정 효과가 있다고 알려진 '쿨 다운 핑크cool down pink'는 정말 효과가 있었을까?

스위스 취리히에 있는 이 교도소는 난폭한 죄수들이 여럿 모이다 보니 빈번하게 폭력 사건에 휘말리곤 했다. 이에 관리자들은 심리학자 다니엘라 스패스의 조언에 따라 교도소 내부의 서른 개 방을 핑크로 칠한다. 스패스 박사는 "보통 수감자를 두 시간 동안 핑크 방에 가두면, 빠르면 15분 만에 분노가 가라앉는다"고 설명했다. 이는 핑크색을 볼 때 우리의 뇌에서 분비되는 노르에피네프린이라는 물질 때문이다. 이 신경 전달 물질은 우리가 정신적 또는 육체적으로 과도한 스트레스를 받을 때 분비되어, 공격적인 행동을 유발하는 호르몬을 억제시켜 주고 감정을 가라앉혀 진정시

온통 핑크빛인 스위스 페피콘 교도소의 내부

키는 역할을 한다고 알려져 있다.[3]

이러한 쿨 다운 핑크는 교도소뿐 아니라 경찰서에도 적용되었다. 교도소장과 경찰서 대변인은 쿨 다운 핑크의 효과가 확실히 긍정적이며, 핑크색 구치소에 들어간 사람들은 쉽게 조용해지고 빨리 잠이 든다고 전했다. 하지만 수감자들의 반응은 조금 다르다. 그들은 마치 어린 여자아이 방에 갇힌 것 같다며 이 핑크방에 대해 강한 반감을 표했고, 치욕스럽고 굴욕감을 느낀다고 전했다.

같은 이유로 쿨 다운 핑크는 미국의 교도소에서 여성 교도관들을 상대로 음란행위를 저지른 재소자에게 주어지는 점프수트에도 적용된다. 2005년 사우스캐롤라이나주에서는 이 핑크색 점프수트를 문제의 재소자들에게 3개월 동안 입도록 규정했다. 이는 상하 일체형 구조로 음란행위를 어렵게 만들뿐더러 핑크 컬러의 심리적 진정 효과로 매우 좋은 반응을 얻은 가운데 현재에도 적용되고 있다.

우리나라 역시 2011년 송파경찰서 유치장에도 이와 유사한 컬러 테라피 시도가 이루어졌다. 최초의 창살 없는 유치장인 이곳은 쇠창살 대신 강화 플라스틱을 사용해 수감자로 하여금 갇혀 있다는 느낌을 반감시키고, 내부 벽면을 핑크와 그린의 그림들로 꾸미며 안정감을 더했다.

분노를 잠재우고, 고독감이나 좌절감, 신경과민 등의 부정적인 감정을 완화시켜 주는 진정과 안정의 쿨 다운 핑크는 대상과 장소에 따라 전혀 다르게 수용되고 사용된다. 앞으로도 시각적으로나 심리적으로 영향력 있는 컬러가 우리 모두를 위한 긍정적인 방향으로 활용 및 사용되길 바란다.

활용

핑크는 특유의 부드러움으로 따뜻한 감성을 전하는 색이다. 또 우리의 심장 박동 수와 맥박수를 감소시키는 진정효과가 있다. 하지만 연약하고 나약하며 육체적 에너지가 없어 보일 수 있기 때문에 컬러를 사용하는 대상과 환경, 또는 타 컬러와의 배색을 통해 이러한 부정적인 부분을 개선하는 것이 좋다.

패션

핑크는 여성들에게 밝은 파스텔톤에서부터 원색의 핫핑크에 이르기까지 두루 사랑받는다. 다만 파스텔톤의 밝은 핑크는 여자아이의 의상과 액세서리, 구두 등에 압도적으로 많이 사용되며 성인 여성의 경우 원색의 짙은 핑크를 더 선호한다. 핫핑크와 같은 강렬한 핑크는 의상 전체에 사용되기도 하지만 블랙 또는 화이트 의상에 포인트가 되는 액세서리로 활용되어 주목을 끌기도 한다. 이때 핑크는 비즈나 글리터, 깃털과 같은 화려하고 독특한 소재와 만나 가방이나 모자, 신발에 활용된다.

남성의 경우 핑크가 육체적, 심리적 에너지를 떨어트린다고 해 두루 사용되는 컬러는 아니나 개방적이고 개성을 드러내는 이미지로 젊은 남성들에게 선호되기도 한다. 대부분은 넥타이에 활용되어 부드럽고 따뜻한 이미지를 준다.

인테리어

핑크는 다양한 오브제에 활용되나 도자기나 꽃병, 쿠션, 카펫 등 공간에서 포인트를 줄 수 있는 요소에 적용하면 좋다. 원색의 핑크는 시각적 강렬함으로 빨리 싫증날 수 있는 컬러이기 때문에 적절한 면적에 사용하는 것이 좋다. 또 소품들에 적용할 경우 주변 인테리어의 분위기에 맞추어 주로 봄과 여름에 사용하는 것이 좋다.

여자아이 방에 활용할 경우, 부드러운 파스텔 핑크의 벽과 침대, 책상 등 많은 요소로 쓰일 수 있으나 지나치게 많은 핑크는 육체적 에너지를 떨어트릴 수도 있으니 주의하는 것이 좋다.

기업, 브랜드

핑크는 코스메틱과 F&B 중에서도 디저트와 관련해 많은 사랑을 받는 컬러다. 코스메틱 분야에서는 콘셉트에 따라 다양한 톤의 핑크가 사용된다. 일반적으로 파스텔톤의 밝은 핑크는 기초 제품에, 원색의 강한 핑크는 색조 화장품에 적용된다. 또 핑크의 달콤하고 향기로운 미각, 후각의 자극은 디저트나 플라워 관련 패키지나 로고에 활용되며 매칭하는 컬러 및 소재에 따라 새롭고 다양하게 이미지의 변화를 줄 수 있다.

BLACK

검정

모든 것을 담은
가장 광범위하고 철학적이며
시크한 컬러

"빛은 색이니, 그림자는 색의 결핍이다."

조지프 말로드 윌리엄 터너, 화가

블랙. 화이트와 함께 인류의 태동을 함께하며 공존해 온 색, 죽음과 애도, 슬픔과 두려움, 악을 상징하며 가장 부정적인 의미에서 권위와 럭셔리, 미니멀과 세련미를 함께 품은 색으로 변화한 혁신적인 색, 문학과 예술, 우리가 즐겨 듣는 노래 가사에 이르기까지 다양하고 폭넓은 의미로 확장해 사용되는 색. 이는 명백히 없어서는 안 될 중요한 컬러 중 하나다.

그런데 과연 블랙은 컬러일까, 컬러가 아닐까? 블랙에 대한 이러한 논쟁은 오늘날까지 끊임없이 이어져 오고 있다. 뉴턴이나 괴테같이 색을 깊이 연구한 과학자는 물론, 빛의 순간을 포착해 다채로운 컬러를 화폭에 담아내어 미술사에서 가장 깊게 색을 연구한 인상주의의 대가들 사이에서도 블랙에 대한 관점은 서로 다르다.

인상주의의 선구자 르누아르는 블랙을 "색의 여왕"이라고 말한 반면 모네는 블랙을 색이 아니라고 주장했다. 모네의 장례식에서 그의 오랜 친구였던 조르주 클레망소가 "모네에게 검은색은 없다"며 그의 관에 덮인 검은 천을 걷어내고, 컬러풀한 꽃무늬 천을 덮었다는 일화가 전해지니 말이다.

예술가뿐 아니라 많은 디자이너들도 블랙에 대한 자신의 철학을 남겼다. 블랙 미니 드레스로 여성복에 혁신을 일으킨 가브리엘 샤넬은 "블랙만이 가장 완벽한 의복을 표현하는 색"이라며 블랙에 대한 남다른 애정을 드러냈으며, 실용성과 여성미를 동시에 강조한 도나 캐런은 "블랙은 어디에나 잘 어울리고 인품을 강조하는 색"이라고 했다. 20세기 최고의 패션 디자이너 중 한 명으로 칭송받는 이브 생 로랑 역시 "여성이 아름다워지기 위해 필요한 것은 블랙 스웨터 한 장과 블랙 미니스커트, 그리고 옆에 있을 사랑하는 남자 한 명뿐이다"라는 말을 남기며 블랙 컬러의 매력을 어필했다.

블랙이 이토록 많은 아티스트와 디자이너의 사랑을 받는 이유는 무엇일까? 이는 블랙이 모든 컬러를 압도하는 시각적 강렬함과 카리스마 그리고 인류가 사용한 최초의 컬러이기 때문이다. 1만 8천 년 전 까마득한 구석기 시대에 인류 최초의 아티스트가 소망과 염원을 담아 그린 검은 황소를 프랑스의 라스코 동굴 벽화에서도 찾아볼 수 있다.

검정을 뜻하는 영어 '블랙black'은 하양을 뜻하는 프랑스어 '블랑blanc'과 같이 '불타다'라는 뜻의 인도유럽 조어인 '브렉, 블엑 bhleg'에서 유래했다. 시각적으로 대조적인 블랙과 화이트의 어원이 '불'이라는 공통된 뿌리를 갖는 것은 철학적으로나 상징적으로 뜻하는 바가 크다.[1] 불을 태움으로써 '태초의 어둠을 밝혔던 빛, 이 빛이 꺼진 후에 남은 재', 이것이 인류가 느꼈던 최초의 블랙이자 화이트였던 것이다. 이처럼 인류가 처음 사용한 컬러인 블랙과 화이트는 어둠과 빛, 시작과 끝을 의미하며 오늘날까지 뗄 수 없는 관계를 유지하고 있다.

블랙의 의미는 시대에 따라 변해왔다. 고대 이집트에서 다산과 풍요를 뜻한 블랙은 나일강의 범람으로 비옥해진 땅의 색이었으며 아프리카에서는 경험과 지혜를 상징했다. 이런 블랙이 주로 부정적 의미로 사용되었던 건 중세 시대였다. 종교의 영향이 컸던 이 시기 블랙은 어둠과 죽음, 악의 의미로 사용되었으며 이 시기에 그려진 많은 그림에서는 악마는 검은 피부와 머리카락, 날개를 가진 존재로 표현되었다. 게다가 유럽 인구의 3분의 1을 죽음으로 내몬 흑사병으로 상당 기간 유럽인은 죽은 이들을 애도하기 위해 블랙 컬러의 옷을 입었다. 이후 시들해진 블랙이 새롭게 재조명된 계기는 산업혁명이었다. 혁명을 이끈 석탄과 석유의 컬러이자 대도시의 발전과 변화를 상징한 블랙은 사람들에게 새로운 인식을 심어주기 충분했다. 게다가 이 시기 개발된 질 좋은 블랙 컬러의 섬유는 패션 산업에도 새바람을 일으켰다.

이렇듯 오랜 세월 우리 인생의 희로애락을 담아 온 속 깊은 블랙은 이처럼 시대를 거듭할수록 더욱 묵직하고 단단하게 우리 곁에 존재해왔다. 이번 장에서는 세련되고 시크한 샤넬의 블랙과 무와 부재의 반타블랙, 고급스럽고 미니멀한 롤스로이스 고스트 블랙 배지, 영화 〈블랙 스완〉 속 흑과 백의 대조에 대해 알아보자.

BLACK

세련된, 시크한

가브리엘 코코 샤넬의 블랙

모든 컬러는 긍정과 부정의 의미를 고루 가지고 있다. 하지만 블랙만큼이나 부정적 의미가 크게 부각된 컬러도 없을 것이다. 고대부터 블랙은 어두움, 죽음, 애도, 악과 같이 부정적인 의미로 널리 사용되곤 했다. 그러나 18세기 산업혁명을 시작으로 블랙은 화려한 대변신의 시대를 맞는다. 이와 같은 블랙의 인식에 혁명과도 같은 새바람을 불러일으킨 장본인 중 하나는 바로 오늘날 전 세계 수많은 여성의 로망이자 우아한 여성의 상징이 된 영원한 뮤즈 가브리엘 보뇌르 코코 샤넬Gabrielle Bonheur Coco Chanel이다.

샤넬은 프랑스 서부의 소뮈르에서 태어나 어머니를 일찍 여의고, 수녀원에 속한 보육원에서 자라는 불우하고 가난한 어린 시절을 보냈다. 이곳에서 처음 바느질을 배운 그는 훗날 세계적인 패션 디자이너로 성장한다. 하지만 화려한 남성 편력과 더불어 제2차 세계대전 당시 나치 독일의 스파이로 활동했다는 사실이 밝

샤넬의 설립자 가브리엘 보뇌르 코코 샤넬

BLACK

혀지며 자국민들에게 비난을 받아 사망 후 프랑스에 묻히지는 못했다. 그러나 모던하고 우아하면서도 실용적인 그만의 디자인 세계를 통해 여성 패션에 혁명을 일으킨 뼛속까지 타고난 패션 디자이너이자 사업가였음을 부정할 수는 없을 것이다.

"패션은 변하지만, 스타일은 남는다."

가브리엘 샤넬, 메종 샤넬 설립자

샤넬이 남긴 많은 명언 가운데 가장 울림이 큰 문장이다. 이는 샤넬CHANEL이라는 브랜드의 핵심 가치이자 그만의 철학으로도 유명하다. 타 명품 브랜드와는 다르게 샤넬에는 '샤넬 룩'이라는 독창적인 스타일이 존재하는데, 코코 샤넬의 스타일에 대한 남다른 철학은 형태와 장식은 물론 컬러 하나하나에도 깊이 베어 의상과 신발, 가방, 액세서리에 녹아 있다.

무엇보다 샤넬이 사랑한 블랙 컬러는 그 당시에는 남성들의 전유물로 여성들에게는 장례식의 상복이나 신분이 낮은 하인들이 입던 우울하고 칙칙한 금기의 컬러였다. 하지만 그는 이러한 블랙의 부정적 상징에 전면적으로 맞서 활동적이고 편안하면서도 우아한 '샤넬 룩', '샤넬 라인'과 같이 자신만의 스타일의 중심에 블랙을 사용한다.

그의 손을 거친 의상 가운데서도 특히 "세기의 아이콘", "패

1910년 영국 여성들의 패션

션의 검은 보석"이라고도 불리는 '리틀 블랙 드레스little black dress'
는 블랙이 갖는 심플함과 간결함, 실용성을 겸비해 그 철학이 가
장 잘 표현된 아이템으로, 샤넬이 오늘날 여성들에게 선사한 최고
의 선물로 평가된다. 1926년에 발표되었으나 오늘날까지도 여전
히 사랑받는 이 드레스는 출근 복장으로는 물론 칵테일 파티나 이
브닝 파티에 참석할 때도 소화할 수 있기에 셀럽들이나 유명인사
들뿐만 아니라 우리 역시 일상생활 속에서 멋지게 활용할 수 있다
는 점에서 더욱 매력적이다.[2]

　샤넬은 소재의 광택이나 질감의 디테일한 감성을 잘 보여주
는 블랙의 특성을 살려 부드럽고 따뜻한 벨벳부터 화려하고 우아
한 실크, 광택감이 좋은 비단과 단단한 직조의 모직에 이르기까지
다양한 소재를 활용해 리틀 블랙 드레스를 만들었으며, 이는 미국
의 패션 잡지《보그》에 실리며 더욱 유명세를 더했다.

　심플하고 실용적인 디자인 덕분에 삽시간에 세계적인 아이템
으로 자리매김한 리틀 블랙 드레스는 많은 디자이너의 손을 거치
며 소매 디테일이나 넥라인, 치마 길이의 변화를 거듭한다. 그중
에서도 가장 대중적으로 스포트라이트를 받게 된 것은 영화〈티
파니에서 아침을〉의 엔딩 장면에서 오드리 헵번이 입은 디자이너
지방시의 리틀 블랙 드레스다. 올림머리에 커다란 검은 선글라스
와 진주 목걸이를 곁들인 오드리 헵번의 리틀 블랙 드레스는 활동
성이 자유로울 뿐 아니라 우아하면서도 세련되어 오늘날까지도
아름다운 여성 패션의 표상이 되었다.

또 그는 당시의 여성들을 코르셋으로부터 해방시키고 치렁거리는 치맛단을 잘라 실용성을 높임은 물론 당시 여성 가방에는 없던 손잡이를 처음 고안해 만들었다. 이처럼 패션을 통해 여성들 삶의 모습을 바꾼 것이다. 무엇보다도 아방가르드한 접근으로 블랙에 대한 긍정적이고 진취적인 의미를 새롭게 심은 덕분에 블랙은 오늘날 가장 많은 디자이너가 사랑하고 사용하는 컬러가 되었다.

그렇다면 당시에는 상상도 하지 못했던 코코 샤넬만의 블랙의 원천은 무엇이었을까? 그는 유년기 시절을 보냈던 보육원에서 본 수도사들과 수녀들의 복장에서 블랙에 대해 영감을 얻었다고 한다. 제복이 주는 깔끔하고 단정한 느낌과 고행을 통해 그들이 추구하려던 신앙적 가치, 그리고 절제된 삶이 블랙에 대한 긍정적이고 새로운 심상을 심어주었다. 그곳에서 처음으로 재봉 기술도 배웠다고 하니 고된 시절이 어쩌면 그에겐 세계적인 디자이너로 성장할 수 있는 발판이 되었던 것이다.

샤넬 공식 유튜브 채널에 공개된 '인사이드 샤넬' 챕터 11에서는 이 브랜드를 대표하는 컬러들을 소개한다.[3] 영상에서는 블랙을 "기본을 더욱 돋보이게 하는 컬러, 여성을 더욱 빛나게 하는 컬러, 모든 컬러를 정복하고 지배할 컬러"로 표현한다. 또 기본이 되는 블랙과 더불어 이 브랜드에서 중요하게 사용하는 화이트, 베이지, 골드, 레드 총 다섯 컬러에 대한 영감의 원천이 함께 소개되어 있다. 영상을 시청하다 보면, 그가 각 컬러에 부여한 의미, 컬러와 소재 간의 조합에 대해 설명해 샤넬이라는 브랜드의 기본 철학을 이해하는 데 큰 도움이 된다.

"블랙 없이는 샤넬도 없다. 존재 자체가 불가능하다."

칼 라거펠트, 패션 디자이너

지금의 샤넬을 존재하게 한 전설적인 패션 디자이너 칼 라거펠트Karl Lagerfeld가 남긴 말이다. 사그라들던 샤넬에 입성해 수석 디자이너로 37년간 이끌면서 오늘날 샤넬을 최고급 명품 브랜드로 자리매김시킨 그는 창립자인 가브리엘 샤넬을 영원한 뮤즈로 만든 전략가이기도 하다. 그가 없었다면 지금의 샤넬이 존재했을까? 그는 코코 샤넬의 인생과 커리어, 디자인에 대한 열정과 사랑 등을 감각적인 영상과 전시, 영화를 통해 대중에게 소개했고, 그의 디자인 철학을 현대적 감성으로 발전시킨 다수의 제품을 선보였다. 이를 통해 샤넬은 단순히 의상과 액세서리, 가방을 판매하는 브랜드가 아닌 시대를 초월한 여성의 정체성과 아름다움 그리고 혁신이 담긴 독보적인 가치와 정신적 유산을 갖게 되었다.

코코 샤넬의 인생 이야기는 다수의 영화와 TV 프로그램으로도 제작되었는데, 오드리 토투 주연의 〈코코 샤넬〉에서는 그의 커리어와 당시에 디자인한 의상을 볼 수 있고, 아나 무글라리스 주연의 〈샤넬과 스트라빈스키〉에서는 동시대 예술가들의 사랑과 같

BLACK

은 코코 샤넬의 개인사를 엿볼 수 있다. 주로 의상과 액세서리로 소개된 그의 스타일이 영화 속 별장 내부의 인테리어에도 반영되어 있어 새롭고, 폭넓게 그의 스타일을 느껴볼 수 있다.

샤넬 외에도 많은 디자이너들이 블랙을 사랑했고, 블랙의 혁명을 도왔다. 동시대에 활동했던 이탈리아의 디자이너 지아니 베르사체는 "블랙은 심플함과 우아함의 정수"라 칭했고, 프랑스 디자이너 이브 생 로랑은 "블랙은 예술과 패션을 연결하는 연락선이다"라는 말을 남겼다.

디자이너뿐 아니라 오늘날 수많은 브랜드 역시 블랙을 통해 자신들의 가치를 표현한다. 프라다 등의 패션 브랜드는 물론 벤틀리, 마이바흐 등의 자동차 브랜드와 폴리폼, 몰테니앤씨 등의 인테리어, 가구 등 산업군의 경계를 넘어 변치 않는 철학과 가치를 추구하는 브랜드에 블랙만큼 최적의 컬러가 존재할까 싶다. 매 시즌 선보여지는 다양한 변화 속 블랙은 기발하고도 매력적이어서 그 변신의 범위가 과연 어디까지일지 궁금하게 만든다. 한 명의 소비자이자 디자이너로 제2의 코코 샤넬들이 만들어 나갈 세련되고 시크한 뉴 블랙이 항상 기다려진다.

무無, 부재

아니쉬 카푸어의 반타블랙

빛을 비롯한 모든 물질을 빨아들이며 시간, 존재의 개념을 뒤흔드는 블랙홀 같은 컬러가 있다. 99.965퍼센트의 빛 흡수율을 지닌 세상에서 가장 짙은 블랙, 바로 '반타블랙VantaBlack'이다. 이 신비로운 컬러의 독점권을 사들여 '완벽한 어둠과 무無'를 표현하는 세계적인 작가도 있는데, 그는 바로 인도 출신의 영국 예술가인 아니쉬 카푸어Anish Kapoor다.

그는 1991년 영국의 가장 권위 있는 현대미술상인 터너상을 수상한 인정받는 조각가이자 건축가로, 단순한 형태에 다양한 소재와 재질을 활용해 작품을 만든다. 미국 시카고에 방문해 본 사람이라면 반드시 보았을 밀레니엄 파크에 설치된 〈클라우드 게이트〉가 바로 카푸어의 작품이다. 일명 "구름 대문" 또는 "콩"이라고 불리는 이 작품은 매끈한 스테인리스 스틸로 제작된 구조물로 거대한 거울과 같이 주변의 하늘과 도시의 풍경을 비추는데, 시시

아니쉬 카푸어의 2004년 작품 〈클라우드 게이트〉

2016년 반타블랙으로 도색한 〈클라우드 게이트〉

각각 변화하는 하늘의 풍경과 색감, 작품 형상에 따라 왜곡된 형태를 관람하는 재미가 있다. 때문에 밀레니엄 파크는 전 세계인의 셀카의 성지로도 불린다. 이런 그의 작품이 2016년 반타블랙으로 뒤덮여 사라졌다.

> "10여 년에 걸쳐 〈클라우드 게이트〉는 공공장소에서 거울과 같은 반사체 표면을 가지고 사람들과 상호작용하면서 소통해 왔다. 이제는 변화할 때가 왔다고 생각했다. 클라우드 게이트 반타블랙 버전은 좀 더 내성적 성질에 대해 이야기한다. 무無의 비어 있음에 대한 압도적 경이로움에 뒤덮여 혼란을 야기하는 경험을 줄 것이다."
>
> 아니쉬 카푸어, 조각가

그는 거대한 조형물을 반타블랙, 현존하는 가장 짙고 완벽한 블랙으로 덮어 마치 사진 속에서 가위로 오려낸 듯한 시각적 착시를 이용해 초현실적 분위기와 더불어 사물의 부재를 표현했다. 사람들은 반타블랙 버전의 〈클라우드 게이트〉를 보며 존재의 무와 더불어 완벽한 어두움과 밤, 정적과 블랙홀을 느낀다고 했다.

카푸어는 현재 '존재하면서도 부재하고, 비어 있으면서 차 있는 것' 이 두 가지 상반된 속성을 공존시키기 위해 다양한 작품들을 이어나가고 있다. 〈보이드〉 시리즈는 그의 이 같은 철학의 정수를 보여주는 대표적인 작품들이다. 이 시리즈의 작품 중에서도 초기작인 〈무제〉가 많은 주목을 받았는데, 이는 짙푸른 빛을 띠는 세 개의 반구로 이루어져 있다. 반구는 세면에 같은 높이로 위치하며, 반구의 오목한 안쪽에는 반타블랙이 칠해져 있어 완벽한 어둠, 암흑을 만든다. 때문에 반구의 안쪽 면이 평평해 보이기도 하고, 때로는 텅 비어 보여 알 수 없는 두려움과 적막을 만들어 낸다. 작품명과 같이 '텅 빈 공간void'은 아무것도 없는 '부재nonexistence'의 공간인 동시에 비물질적인 것들 암흑과 무한과 그에 대한 인간의 감정 같은 것들이 '존재existence'하는 공간이라고 할 수 있다고 리움 미술관 관계자는 전했다.[4]

이와 같이 동양적 사상을 서구적 모더니즘의 형태와 재료, 색채를 통해 표현하는 카푸어는 전 세계 미술 비평가와 컬렉터 사이에서 인기가 많은데, 국내에도 두터운 팬층을 가지고 있다. 서울 한남동의 리움 미술관 야외 정원에는 런던 로얄아카데미와 구겐하임 빌바오미술관에 소개되었던 〈큰 나무와 눈〉이라는 그의 작품이 전시되어 있으며, 국제갤러리를 비롯한 국내 유수의 갤러리에서도 작품을 전시한 바 있다.

이렇듯 훌륭한 작품들을 선보인 그의 명성에 걸맞지 않게 반타블랙 도료에 대한 독점권 논란은 오늘날까지 이어지고 있다. 카푸어는 반타블랙의 '예술적 목적으로 사용할 권한'을 독점했는데, 이를 개발하고 유통하는 기업에 거액을 지불하고 본인 이외에는 관련 물질에 대한 대대적인 사용 권한을 대대적으로 제한하고 있

수소에너지를 형상화한 현대자동차의 파빌리온

다. 특정 컬러의 독점권이 과연 존재할까 싶은데, 이에 예술계에
서는 이 행위가 표현의 자유를 침해한다고 주장하며 크게 반발하
고 있다. 그중에서도 영국의 젊은 예술가인 스투아트 샘플은 카푸
어의 말도 안 되는 독점권에 반발해 '#sharetheblack(검정을 공
유하라)'이라는 해시태그와 함께 'Black 2.0'과 'Black 3.0'을 선
보였다. 이는 반타블랙을 대체하는 블랙의 페인트로 "이 도료는
전 세계 누구나 사용할 수 있으나, 아니쉬 카푸어 본인, 카푸어 관
계자는 절대 사용할 수 없다"는 전제 조건을 달아 그의 홈페이지
에서 판매하고 있다. 이 일로 대중들은 그를 카푸어 저격수라고

부른다. 하지만 그의 블랙 시리즈는 흑감이 약하고, 스크래치에 취약하다는 점에서 반타블랙에 미치지 못한다는 평을 듣고 있다.

반타블랙은 많은 논란 속에서도 예술뿐 아니라 과학 분야에서도 매우 유용하게 사용되고 있다. 빛 흡수율이 높은 이 블랙은 태양열을 모으는 용도로 활용되어, 흡수한 빛의 상당한 열을 저장할 수 있어 집열기와 같은 부품에 사용하기에 매우 효율적이다. 또 반타블랙은 항공 우주 분야에도 도움이 되는데, 먼 거리에 떨어진 별을 관찰할 때 가장 큰 장애가 되는 난반사를 줄여주어 천체 망원경 설계에 매우 유용한 소재이자 컬러다.

2016년에는 기존의 반타블랙보다 빛 흡수율을 더 높인 '반타블랙 2'가 발표되었다. 이 물질은 거의 100퍼센트의 빛 흡수율을 자랑한다고 알려져 있으며, 최근 일본의 한 기업이 발표한 무소블랙musou black 역시 같은 콘셉트의 제품이다. 이처럼 가장 짙은 블랙에 대한 연구는 앞으로도 지속적으로 이어질 예정이며 주목할 만하다.

반타블랙은 2019년 독일 프랑크푸르트 모터쇼에서 공개된 BMW X6와 2018년 평창 동계올림픽 기간에 선보인 현대자동차 파빌리온에도 적용되어 우리 삶에 보다 가까이 다가왔는데, 앞으로 더 많은 대상에 적용되어 신비로운 모습을 많이 볼 수 있으면 좋겠다. 또 많은 이들의 관심을 받고 있는 반타블랙에 대한 카푸어의 독점권이 과연 언제까지 유효할지, 제3, 제4의 반타블랙은 언제 선보여질지 궁금한 가운데 완벽한 블랙을 향한 인간의 열망은 끝없이 이어지고 진화할 것이다.

고급스러움과 미니멀

롤스로이스의 고스트 블랙 배지

블랙은 패션과 인테리어, 제품과 자동차 등 폭넓은 분야에서 희소성 있는 소재와 마감을 통해 고급스러운 가치를 선사한다. 이러한 고급스러운 블랙에는 구현 과정에 있어 하나같이 남다른 기술과 노하우, 장인정신이 담겨 있다. 롤스로이스의 '고스트 블랙 배지' 역시 블랙 컬러에 최고급의 럭셔리한 가치와 의미를 담았다.

고스트 블랙 배지는 영국의 최고급 수공 자동차 브랜드인 롤스로이스가 지난 2016년에 선보인 디자인을 바탕으로 현대적 감성에 발맞추어 전 부분을 리뉴얼한 모델로 '포스트 오퓰런스post opulence'라는 새로운 디자인 철학이 담겨 있다.[5] 이는 화려하고 장식적인 요소를 배제하고, 소재와 마감 하나하나에 밀도를 높여 극도의 디테일한 미니멀 럭셔리를 제시했다는 점에서 기존 럭셔리와 차별점을 둔다. 이러한 철학은 외장에 마감된 블랙에도 잘 반영되어 있다.

롤스로이스가 공개한 '뉴 고스트 블랙 배지'

롤스로이스는 고스트 블랙 배지를 위한 가장 짙은 블랙을 만들기 위해 45킬로그램이나 되는 다량의 페인트를 사용했다. 그들은 블랙 페인트층과 투명 레커층을 번갈아 가며 켜켜이 쌓고 말리는 과정을 반복해 더 맑고 깊으면서도 짙은 블랙 연출을 위해 혼신의 힘을 다했다. 이러한 과정 후에는 다섯 시간가량 장인이 직접 손으로 광택을 낸 덕분에 고스트 블랙 배지의 블랙은 그 어느 컬러보다도 진하고 영롱한 빛깔을 띠게 된다.[6]

고급스러운 블랙의 기준은 산업 분야와 시대의 트렌드에 따

BLACK

흑 크롬으로 마감된 환희의 여신상과 롤스로이스 엠블럼

라 조금씩 변해왔지만 대부분 깊고 진하며 표면에 도는 유려한 광택이 핵심이었다. 특히 자동차 외관에 깊고 진한 블랙을 구현하는 것은 쉽지 않다. 진하기만 한 블랙은 2D 그래픽과 같이 평평하게 보여 자동차 고유의 입체감과 형체감을 저해할 수 있기 때문이다. 현존하는 가장 진한 블랙인 반타블랙이 어떠한 형태감이나 깊이감도 느낄 수 없는 이유가 바로 이것이다(본문 〈무無, 부재 – 아니쉬 카푸어의 반타블랙〉 참고). 하지만 롤스로이스는 깊이감과 흑감(블랙의 진한 정도)을 함께 높이기 위해 블랙 페인트층 사이사이에 투명한 레커층을 겹쳐 난반사를 유도했다. 층층이 반사되고 겹쳐

보이는 효과 덕분에 깊고 진하면서도 대상의 형상을 적절히 드러내는 블랙 컬러가 탄생한 것이다.

여기서 끝이 아니라 작업이 완료된 표면을 곱게 다듬은 후, 특수 코팅 물질을 한 번 더 덮어 만든 이 블랙은 표면에 반사되는 빛의 굴절을 일정하도록 만들어 더욱 매끈하고 단단해 보이면서도 선명한 빛을 발한다. 이는 여성들이 메이크업을 한 후 얼굴에 수분이나 광택 스프레이를 뿌려 고정하는 것과 같은 원리다. 이런 정밀한 공정은 반복될수록 높은 기술력과 큰 비용을 요하기 때문에 여타의 브랜드에서는 쉽게 범접할 수 없는, 롤스로이스만의 블랙 컬러 구현법이다.

롤스로이스는 여러 과정을 거친 최고급 블랙에 어울리도록 브랜드의 상징인 환희의 여신상과 롤스로이스 RR 엠블럼, 그릴을 흑 크롬으로 마감해 컬러 톤을 맞췄다. 무게감을 갖는 흑 크롬의 그릴에는 주행 시 후광에 LED 조명이 비치는데, 이때 판테온을 모티브로 한 디자인이 극대화되어 더욱 고급스럽고 성스러운 모습으로 연출된다. 또 바퀴를 감싸는 휠 역시 밀도를 높여 22겹의 탄소 섬유로 제작되었고, 휠의 허브는 티타늄으로 제작되어 최상의 강도를 자랑하며 블랙 배지의 묵직함을 이어나간다. 차의 내부 역시 목재 중 가장 단단하고 변형이 적은 흑단과 가볍고 내구성이 좋은 카본 파이버, 그리고 현존하는 가장 진한 블랙 도장으로 마감되었으며 선명한 터키석 컬러의 가죽으로 마무리해 블랙과의 선명한 컬러 배색으로 배지만의 특색을 더했다.

이처럼 고스트 블랙 배지의 최고급 블랙이 더욱 특별할 수 있는 이유는 블랙 자체를 구현하는 과정뿐 아니라 블랙과 함께 매치된 다양한 구성품들이 최고급 블랙의 품격에 맞는 소재와 컬러, 마감으로 어우러졌기 때문이다.

오늘날 다양한 분야의 명품 브랜드들이 블랙배지와 같이 고급스러우면서도 미니멀한 이미지를 구현하기 위해 제품과 로고에 블랙을 사용한다. 블랙은 강렬하고 묵직하며, 쉽게 질리지 않는다는 시각적 특징과 모든 컬러를 수렴한다는 의미를 갖기에 두 가치를 담는 최적의 컬러가 된다. 트렌드의 지표가 되기도 하는 '최고급의 블랙'은 다음 시즌 또 어떠한 과정과 조합으로 우리에게 선보여질지 많은 이들의 이목을 집중시킨다.

대조적 의미의 블랙

영화 〈블랙 스완〉 속 블랙

흑과 백은 색의 명도 차이에서 오는 시각적 대비는 물론 깨끗한 것과 더러운 것, 옳고 그름, 선과 악, 천사와 악마, 빛과 그림자, 낮과 밤, 시작과 끝, 백인과 흑인 등 주로 상반된 의미를 지닌다. 모든 경우는 아니지만, 대체로 흑색은 백색과 함께 사용할 때 부정적 의미인 경우가 많다. 나탈리 포트먼 주연의 영화 〈블랙 스완〉은 이 두 컬러의 대비를 백조와 흑조라는 상반된 두 캐릭터로 시각화해 심리적, 감각적 차이를 잘 표현한 작품이다.

스토리에 앞서 '흑조가 실제로 존재할까?'라는 의구심이 들 수도 있는데 검은 백조를 뜻하는 흑조, 즉 흑고니는 오스트레일리아에서 서식하는 새로 웨스턴 오스트레일리아주의 상징이기도 하다. 일반적으로 알려진 백조나 고니와 비슷한 성향을 보이지만, 검은 깃털과 붉은빛의 부리 때문에 현지에서는 한때 '악마의 사자'라는 누명을 쓰고 죽임을 당하기도 했다.

영화 〈블랙 스완〉 니나 역의 나탈리 포트만

극 중 백조와 흑조를 오가는 니나

BLACK

영화로 되돌아가 〈블랙 스완〉은 백조와 흑조, 두 상반된 캐릭터를 모두 소화해 내고자 한 주인공의 완벽에 대한 강박을 그린 스릴러다. 극 중 프리마돈나인 니나는 새롭게 재해석된 '백조의 호수' 공연에서 주연을 맡고자 고군분투하는 인물로, 순수하고 가녀린 백조의 이미지와 관능적이고 도발적인 흑조의 이미지를 모두 연기하고자 몰입한다.

니나는 단장의 압박과 딸의 성공에 대한 엄마의 집착, 동료들 사이의 시기와 질투로 극도의 심리적 불안감에 휩싸이며 광기 어린 행동을 보인다. 특히 흑조의 이미지를 내면에서 끌어내기 위해 기존의 소심하고 성실했던 자신의 모습에서 벗어나 숨겨두었던 욕망을 좇기도 하고, 부적절한 관계들을 이어나가며 자신을 부순다. 또 자신의 신체 일부를 자해하거나 등에 돋아난 깃털을 뽑는 등 다양한 환각을 보며 본래 자신의 모습에 대한 파괴와 뒤틀림을 통해 점점 흑조로 변해 간다. 주인공으로 발탁된 후에도 완벽한 연기에 대한 집착이 강했던 그는 현실과 환각을 오가며 점점 더 괴롭고 혼란스러워진다.

극 중에서 니나는 백조와 흑조, 상반된 두 캐릭터를 춤 동작과 몸짓, 행동, 눈빛으로 표현하는데, 이는 그가 입은 디테일한 의상과 액세서리에도 잘 반영되어 있다. 백조로 등장한 그는 새하얀 튀튀tutu를 입고, 부드러운 깃털 장식을 머리에 꽂았으며, 서정적인 선율에 맞추어 부드럽고 가녀린 몸짓으로 춤을 춘다.

하지만 흑조로 등장한 그는 검푸른 레이스와 깃털로 꾸며진 블랙 튀튀를 입고, 뾰족하면서 어두운 컬러로 만들어진 왕관을 쓰고 있다. 또 표정은 매섭고, 경직되어 있다. 흑조는 장엄한 앙상블을 배경으로 절도 있고 위협적인 춤사위와 함께 강렬한 존재감을 드러낸다. 이를 통해 흑과 백, 컬러의 차이가 시각뿐 아니라 청각을 포함한 공감각으로 확장되어 더욱 상반되게 다가온다.

최고의 연기를 선보였으나 흑조에 몰입하는 과정에서 자신의 배에 유리조각을 박아 피를 흘리며 피날레를 장식한 그는 "나는 완벽했어요. 완벽함이란 통제하는 것만이 아니야. 흘러가게 두는 것이기도 해"라는 마지막 대사를 남긴다.

완벽에 대한 무서운 집착이 흑조를 탄생시켰다. 하지만 흑조는 극 중에 완벽을 뜻하는 백百에 이르는 과정에서 파생되었기에 흑과 백이 단순한 상반 관례라기보다는, 오히려 같은 방향을 추구한다는 점에서 서로를 충족시키는 컬러가 아닐지 다시금 생각해 보게 된다.

흑과 백의 관계를 조금 다르게 해석한 예도 있다. 우리에겐 다소 생소한 캐나다 출신의 듀오 그룹, '원스 어 트리Once A Tree'의 데뷔 앨범 중 〈하이드Hide〉라는 곡이 뮤직비디오에서 이 흑과 백의 관계를 매우 감각적으로 연출했다.

영상 속에서 흑과 백은 서로 대립하는 것이 아니라 서로가 서로를 어루만지고, 겹치고, 섞여 결국 하나의 색으로 결합해 나가

BLACK

캐나다 출신 듀오 '원스 어 트리'의 뮤직비디오 중 한 장면

는 과정을 보여주는데 의미 깊은 가사와 현대적 안무가 곁들여져 이를 무척 예술적이고 숭고한 분위기로 연출했다.

이같이 흑과 백은 오랜 시간 공존하며 컬러라는 시각적 요소를 넘어 독립된 의미를 갖는 언어로도 사용되고 있다.[7] 또 각각 따로 사용되어 새로운 의미를 갖기도 하는데 블랙리스트, 블랙 프라이데이, 블랙박스, 검은 손, 하얀 거짓말 등이 그렇다. 의미와 개념을 확장시키는 가능성과 매력의 컬러. 다소 진부하게 느껴질 수도 있는 두 컬러의 대비는 앞으로도 다양한 대상과 매체를 통해 새롭게 재해석되고 다채롭게 표현될 것이다.

심리적으로 블랙은 광활하고 신비로우며 세련된 느낌을 지닌다. 또 모든 색을 품듯 우리의 감정을 숨길 수 있는 안식처가 되어줄 수도 있으나, 동시에 차갑고 무뚝뚝하며 권위적이고 위협적으로 느껴질 수도 있다.

패션

카리스마 있고, 세련된 아름다움을 살려 격식을 차려야 할 경우 블랙 계열의 옷을 입는 것이 좋다. 또 블랙은 명도가 낮아 어둡기 때문에 수축되어 보이는 경향이 있어 몸매를 날씬해 보이게 한다. 이때 단조로워 보이는 단점을 보완하고 싶다면 소재나 재질, 광택감의 차이를 주거나 화이트나 비비드톤의 컬러를 매칭해 변화를 줄 수 있다. 빛을 잘 흡수하기에 여름에는 피하는 것이 좋고, 주로 겨울철에 자주 입으며 때가 타도 쉽게 티가 나지 않아 관리에 효율적이다. 컬러 선택에 괴로움을 느끼는 이들에게 블랙은 언제나 가장 편안한 대안이 된다.

인테리어

블랙은 빛을 흡수하는 컬러로 눈이 피로해지지 않아 아늑함을 줄 수 있다. 하지만 지나치게 무겁고 답답한 느낌을 줄 수 있어

춥거나 좁은 곳, 빛이 잘 들어오지 않는 곳에는 사용하지 않는 것이 좋다.

다른 컬러와의 조합으로 공간에 리듬감을 주거나 블랙의 고급 소재들 간의 조합으로 럭셔리한 분위기를 만들 수 있다.

기업, 브랜드

블랙은 기업과 브랜드에 세련되고 고급스러움을 주기에 럭셔리 브랜드에서 가장 많이 사용하는 컬러인 동시에 모던하고 깔끔한 이미지의 브랜드들도 선호한다.

하지만 블랙이 포화인 시장에서는 타 컬러와의 감각적인 조합이나 독특한 소재 및 감성을 더한 스토리텔링으로 차별화를 요한다.

WHITE

하양

순수하고 심플한
무한한 가능성의 컬러

"흰색은 가능성으로 충만한 깊고 완벽한 적막이다."

바실리 칸딘스키, 화가

화이트는 태초의 색이자 가장 완벽한 색으로 빛과 눈雪을 연상시킨다. 순결함과 순수함, 여성적인 우아함과 심플하면서도 미니멀한 절제를 의미하며 선善, 희생, 시작과 부활, 평화 등 폭넓은 분야에서 다양한 의미로 사용된다. 또 중립적이며 차가움, 창백함, 적막, 외로움, 슬픔과 애도, 죽음, 유령,귀신 등을 상징하기도 하며 일반적으로 화이트를 좋아하는 사람들은 완벽주의 성향을 갖는다고 알려져 있다.

화이트는 블랙과 같이 이를 컬러로 보아야 할지 아닐지 그 진위여부에 대한 논쟁이 이어져 오고 있다. 인상주의 화가들에게 화이트는 빛의 색으로 개념적으로는 무색無色으로 인지되나 물감에서 화이트는 없어서는 안 될, 다른 어떤 컬러로도 대체 불가능한 유일무이한 컬러이기에 개념적인 부분과 표현적인 부분 사이에서 쉽게 결론 내기 어렵다.

화이트의 어원을 찾아보면 고대 영어 'hwīt'에서 유래했으며, 하얗거나 밝음을 의미하는 산스크리트어 'śveta'와 빛을 의미하는 슬라브어 'světŭ'에도 남아 있다. 또 '하얀, 밝은, 눈부신'을 뜻하는 게르만어 'blankaz'는 화이트를 뜻하는 프랑스어, 이탈리아어, 스페인어에 영향을 준다. 이처럼 화이트는 각국의 언어에 공통적으로 '밝음, 빛'을 상징한다.

WHITE

또 서구 여성들의 이름에는 유난히 화이트를 어원으로 사용하는 단어가 많다. 라틴어 'Alba, Albine', 프랑스어 'Blandine, Blanche', 이탈리아어 'Bianca' 등이 있으며 흰 꽃의 이름에서 유래한 'Camille, Daisy, Lili, Magnolie, Jasmine, Marguerite'도 있다. 이는 이 컬러가 여성스러움과 우아함을 상징하게 된 것과도 관련 있다.

화이트는 세상을 어둠과 빛으로 본 고대 그리스에서 빛을 상징하는 중요한 컬러로 여겨졌다. 특히 화이트는 신, 종교적 신성을 대표했기에 고대 이집트와 로마의 여성 사제들은 신성과 순결의 의미에서 흰 리넨 옷을 입었다. 초기 기독교의 수도사들 역시 같은 의미에서 염색하지 않은 흰 옷을 입었는데, 이는 후에 참회의 색인 블랙으로 바뀌어 오늘날까지 이어져 오고 있다. 오직 교황만이 이 시기부터 오늘날까지 화이트 수단을 평상복으로 입으며 여기에는 빛과 더불어 희생, 고결함 등의 성스러운 의미가 더해져 있다.

16세기에 화이트는 주로 슬픔과 애도를 상징하는 과부의 옷에 사용되었다. 한국과 중국, 일본에서는 애도의 의미로 흰 리본과 흰 국화, 하얀 상복 등이 장례 문화에 활용되었다. 이렇듯 다소 소극적인 의미로 사용되던 화이트는 18세기에 이르러 가장 화려하고 아름답게 꽃피어난다. 당시 주를 이루던 바로크 양식에서 화이트는 종교의 막강한 부와 권력에 힘입어 교회 건축 내부와 외부를 메운다. 이러한 화이트는 신의 은총과 빛을 상징하며 골드와의 조합으로 화려하고 영광스러우며 장엄하고 고귀한 분위기를 연출한다.

　이어 로코코 양식에서는 모든 컬러에 화이트가 섞여 순백의 화이트와 더불어 파스텔톤 전반의 컬러가 유행의 중심에 선다. 이는 남녀를 불문하고 의상과 가발, 액세서리와 구두, 속옷에 이르기까지 광범위하게 사랑받는다. 또 주변 색을 더 선명하게 밝혀주는 화이트 인테리어는 왕족들은 물론 귀족들의 개인 성의 내부에 유행처럼 번져 나갔으며 보태니컬 패턴, 금빛 장식들과 더불어 화려하고 우아한 빛깔을 뽐냈다.

　19세기 이후, 현대에 이르러 화이트는 가장 추상적이고 철학적인 의미를 갖는다. 이는 러시아 화가인 카지미르 말레비치에 의해 시작되는데, 그는 기하학적인 구성 요소로만 작업하는 절대주의 화가로 오늘날 작품 한점에 1조 원이 넘는 평가를 받는 거장 중 하나다. 그는 미술계에 큰 파장을 던진 작품 〈검은 사각형〉으로 주목을 받았으며 그 연작 〈화이트 위의 화이트〉에서 화이트는 "초월적이고 무한대의 컬러"라 말했다. 이후 칸딘스키, 몬드리안과 같은 대표적 추상 화가들에 의해 화이트는 본질적이고, 비물질적이며, 모든 가능성을 품는 없어서는 안 될 중요한 상징으로 작품에 활용된다.

　이후 화이트는 평화와 저항의 의미를 갖기도 한다. 흰 리본은 캐나다에서 시작된 여성폭력 추방운동의 상징이며, 흰 장미는 히틀러의 나치 정권에 맞서 싸우다 죽음을 맞이한 소피 숄의 백장미

단인 바이세 로제Weiße Rose의 상징이었다.

빛과 같이 만져지지 않지만 없어서는 안 될, 태곳적부터 우리 곁에 가까이 존재한 화이트는 조용하고 차분하게 우리의 삶 곳곳에 스며들어 있다. 본 장에서는 순결과 순수, 시작의 상징이 된 화이트 웨딩드레스와 미니멀한 조너선 아이브의 솔리드 화이트, 우아하고 여성스러운 영화 〈마리 앙투아네트〉에서 로코코 시대의 화이트를 만나보고자 한다.

순결, 순수, 시작

결혼식의 화이트 웨딩드레스

'웨딩드레스' 하면 우리는 눈처럼 새하얀 드레스를 떠올리며 달콤한 상상에 빠져든다. 바로 생애 가장 눈부신 날, 새로운 삶이 시작되는 결혼식이다. 다수의 문화권에서 결혼식 예복으로 신랑은 블랙의 턱시도를, 신부는 눈부신 화이트 드레스를 입는데, 이는 블랙과 화이트의 상징인 '시작과 끝', 즉 사랑의 영원함을 의미한다. 하지만 유명 미드 〈섹스 앤 더 시티〉에서의 미란다, 영화 〈어바웃 타임〉의 메리가 그랬듯 일부 셀럽들 중에서는 하얀 웨딩드레스 대신 화려한 레드나 핑크의 유색 드레스를 입고 결혼하는 경우도 종종 있다. 그렇다면 화이트 웨딩드레스가 언제부터 결혼식의 대명사로 사랑받게 된 것인지 궁금하지 않을 수 없다.

　웨딩드레스의 기원은 고대 로마 제국 시대 유럽의 왕족과 귀족들이 혼인 의례 시 입었던 드레스에서 찾아볼 수 있다. 이 시기 신부들은 '플라메움'이라는 노란색의 베일로 얼굴을 가리고, 주로 노란색이나 오렌지색의 드레스를 즐겨입었다. 중세 시대 이후 르네상스 시대에 이르러서는 좀 더 짙은 레드 계열의 드레스를 입게 되었는데, 이때까지만 해도 웨딩드레스는 특별한 기준 없이 신부 자신이 가진 가장 좋은 옷을 골라 입었기 때문에 오히려 화이트 웨딩드레스를 입는 신부가 드물었다.[1]

이후 1813년 유명한 프랑스 패션 잡지였던《여성과 패션Journal des dames et des modes》에서 화이트 웨딩가운과 베일을 소개하면서 현대적인 웨딩드레스 스타일이 제안되기 시작했다. 이어 1840년 영국의 빅토리아 여왕이 앨버트 왕자와의 결혼식에서 흰색 공단에 레이스가 달린 드레스와 베일을 착용한다. 그 당시 전 세계 최

최초로 화이트 웨딩드레스를 입었다는 1840년 빅토리아 여왕의 결혼식

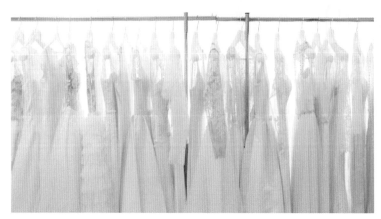

다양한 디자인의 화이트 웨딩드레스

강국이었던 영국 여왕의 결혼식 모습은 세계 곳곳의 신부들에게 선망이 되며 오늘날 화이트 웨딩드레스의 시초가 되었다.

당시 빅토리아 여왕이 입은 화이트 웨딩드레스는 다양한 관점에서 해석된다. 정치적인 측면에서는 그가 당시 결혼식에서 선호하지 않던 화이트 드레스를 입어 보다 젊고 새롭고, 혁신적인 이미지를 심어주려 했다는 것이다. 또 19세기 당시 화이트 드레스는 부의 상징이었는데, 섬유기술이나 표백기술이 오늘날과 같이 발전하지 않던 시절에 구하기도 힘들고 보관과 유지도 쉽지 않아 아무나 입을 수 없었기 때문이다. 경제적 측면에서는 그가 자국의 레이스 산업을 돕고자 레이스 장식과 가장 잘 어울리는 화이트 컬러의 드레스를 입었다고 전해진다.

어떤 이유였든 빅토리아 여왕의 결혼식을 기점으로 해서 많은 귀족과 부유층의 신부를 중심으로 화이트 웨딩드레스가 확산되기 시작했다. 귀족층 중심의 화이트 웨딩드레스는 오늘날 계급에 상관없이 대부분의 신부가 입고 있는데, 그 과정에는 코코 샤넬의 역할도 빼놓을 수 없다. 1920년 샤넬은 무릎길이의 파격적인 화이트 웨딩드레스를 선보인다. 이는 당시 대중들의 폭발적인 인기를 얻었으며 산업혁명의 물꼬를 타고 전 세계로 퍼져나가 오늘날 '웨딩드레스는 화이트'라는 정설을 못박았다. 이렇듯 빅토리아 여왕과 샤넬의 영향으로 자리 잡게 된 화이트 웨딩드레스는 상징적 의미 때문에 선택되었다기보다 사회문화적인 영향으로 탄생했다고 볼 수 있겠다.

화이트가 갖는 많은 의미 중에서도 오늘날 웨딩드레스 컬러로의 상징이 '순결과 순수'로 자리매김한 것은 종교와도 관계가 있다. 기독교에서 흰 양은 우리의 죄를 대신하는 속죄물로 흠과 티가 없는 순결하고 순수한 대상이다. 후기 고전주의 시대의 화가들이 즐겨 그렸던 흰색 유니콘 역시 마찬가지다. 유니콘은 몸 전체가 하얀 말의 형태로 이마에 뿔이 나 있는 상상 속의 동물이다. 이는 순수성을 가진 여성만이 잡을 수 있는 존재로 묘사되어 있으며 꽃 중에서는 흰 백합이 유니콘과 같이 순결을 상징한다. 이 같은 이유로 흰 유니콘과 흰 백합은 성모 마리아와 함께 그려지곤 했다.

화이트가 지닌 '시작'의 의미 역시 서양 문화권에서 찾아볼 수 있다. "우리의 죄를 사하기 위해" 죽음에서 부활한 예수는 전통적으로 흰옷을 입고 있으며, 가톨릭에서 또 다른 시작을 알리는 성찬 시 아이들이 입는 영성체 옷이 새하얀 색이다. 영국의 엘리자베스 2세 역시 영국 의회를 개회할 때마다 흰옷을 입었으며, 과거 유럽 상류사회에서 사교계로 데뷔하는 사람들 역시 첫 파티 때 흰옷을 차려입었다.

화이트의 순결과 순수, 새로운 시작이라는 상징은 웨딩드레스 컬러로는 종교적이든 그렇지 않든 앞으로도 꾸준히 사랑받을 것이다. 가장 깨끗하지만 가장 더러워지기 쉽고, 무한한 가능성은 갖고 있으면서도 텅 빈 무無를 상징하기도하는 이 컬러는 역설적으로 보이나 대체 불가한 의미로 초월적인 존재감을 갖는다.

미니멀, 심플, 절제

조너선 아이브의 솔리드 화이트

2001년 애플은 솔리드 화이트로 마감된 세상에서 가장 미니멀한 전자제품을 선보인다. 미국의 유명 경제지 《포춘Fortune》이 선정한 '가장 훌륭한 현대 디자인 100'에 꼽힌 1세대 아이팟iPod이다. 이는 애플의 최고 디자인 책임자CDO이자 스티브 잡스의 영혼의 파트너, 제품이 아닌 소비자의 필요를 디자인한 세기의 디자이너 조너선 아이브의 작품이다.

아이브는 영국 출신으로 1992년 애플에 입사해 아이팟 시리즈는 물론 아이맥, 아이북, 아이폰, 아이패드 등 혁신적인 제품들을 거듭 디자인해 위기의 애플을 최고의 혁신 기업으로 만든 영웅 중 하나다. 업적을 높이 산 영국의 엘리자베스 여왕은 그에게 기사 작위를 수여한 바 있으며 그의 디자인과 철학은 이 시대의 디자이너들에게 바이블이 되고 있다. 이는 본질만을 남긴 최소한의 디자인, 즉 미니멀 디자인으로 제품 하나하나는 물론 디자인 전

과정과 제품 생산 프로세스 전반에도 녹여내 심플한 디자인의 정수를 보여준다. 남들이 제품에 더 많은 요소와 기능을 넣으려 할 때, 본질 외에는 모두 덜어냈던 그는 남들과 정반대의 사고로 이 시대의 디자인 흐름을 이끌어 나갔다.

특히 1세대 아이팟은 아이브의 미니멀리즘을 집대성한 디자인으로 평가받는다.[2] 작은 흑백 창과 스크롤 휠을 장착한 콤팩트한 이 기계는 5기가바이트 대용량에 소형화까지 성공하며 "주머니 속의 천 곡"이라고 불리는 MP3 기기다. 디자인 전반에 과감한 시도를 아끼지 않은 공예품에 가까운 이 제품은 사출 이음새의 갭을 혁신적으로 최소화했고, 나사 같은 부품들이 보이지 않도록 설계를 전면 수정했으며, 배터리 교체 기능을 과감하게 제거해 베터리 덮개와 내벽을 없애 더 작고 심플한 디자인을 선보였다.

당시 스티브 잡스는 이 혁신적인 아이팟을 다양한 컬러로 출시하기 원했지만, 학창시절부터 화이트 컬러에 남다른 집착이 있던 아이브는 컬러는 화이트 단 한 가지면 충분하다고 잡스를 설득했다. 이에 아이팟은 2001년 화이트 단일 모델로 시장에 출시되었다. 불필요한 요소와 복잡함을 덜어내 본질만을 정제해 내고자 했던 그에게 유색 컬러는 무엇인가가 더해진 장식적인 요소였다. 이런 그가 디자인한 애플의 제품들은 대부분이 견고한 고광택 화이트의 플라스틱 마감으로 펄이나 입자가 전혀 없는 매끈한 룩을 선보인다. 일반적으로 플라스틱이 가진 값싼 감성을 감추기 위해

2001년 첫 출시된 1세대 아이팟

고광택의 솔리드 화이트로 마감한 아이폰 1세대

스프레이 등의 후가공을 더한 것이 아닌, 우수한 퀄리티의 플라스틱 원소재 개발과 금형 구조의 변경 등 생산 환경 전반을 개선해 플라스틱 재질 자체의 고유한 미를 찾아낸 것이 바로 조너선 아이브의 솔리드 화이트다.

솔리드 화이트는 유색 컬러가 갖는 화려함 대신 형태를 있는 그대로 드러내며 크게 눈에 띄지 않는다. 이는 사용자가 제품의 기능과 쓰임에 집중할 수 있도록 돕는다는 점에서 그의 디자인 철학과 일맥상통한다. 또 고광택으로 마감해 내구성도 높여 기능적인 견고함도 지녔다.

그는 플라스틱만큼이나 알루미늄 역시 다수의 애플 제품 디자인에 활용했는데, 알루미늄 마감에서도 그 소재만의 본질적 매력을 극대화하기 위해 힘썼다. 순도가 높은 고 퀄리티의 알루미늄을 고운 샌딩 기법으로 마감해 부드러운 촉감과 금속 특유의 반짝임과 강성을 살려, 슬림하고 감각적인 디자인을 선보였다. 또 알루미늄 역시 색을 배제하고 원재료의 컬러인 밝은 실버를 기본으로 본질적 아름다움을 극대화해 마감했다. 이처럼 그는 단순한 외관 형태뿐 아니라 소재 별 특성과 제작 공정, 구조와 기능 등의 다각적이고 총체적인 미니멀 디자인을 구현했다.

조너선 아이브의 디자인은 21세기를 살아가는 수많은 디자인과 브랜드에 큰 영향을 주고 있다. 대륙의 애플이라 불리는 샤오미, 국내에는 공기 청정기와 토스터로 이름을 알린 발뮤다 등 미니멀한 다수의 브랜드가 그의 발자취를 따라가고 있다.

"좋은 디자인이란 '가능한 최소한의 디자인이다Less is more. Less, but better.'" 산업 디자이너 디터 람스의 철학에 영감을 받아 자신만의 '미니멀 디자인의 정수'를 선보인 조너선 아이브는 애플을 떠났지만, 디자이너이자 기업인으로 더 큰 혁신을 거듭할 그의 행보가 기대된다.

"달라지는 건 쉽지만, 나아지기는 어렵다."

조너선 아이브, 디자이너, 기업인

그가 우리에게 안겨주었던 본질을 향한 가장 미니멀하고 심플한 화이트는 애플에서 앞으로도 꾸준히 그 철학과 가치를 더해 갈 것이다.

우아함, 여성스러움

로코코 시대의 화이트

"빵이 없으면 케이크를 먹어라." 비운의 프랑스 마지막 왕비, 성난 민중에게 기름을 부은 마리 앙투아네트의 망언이라 전해지는 말이다. 하지만 오늘날 이는 사실이 아닌 정치적 모함으로 밝혀져 안타까운 죽음으로 생을 마감한 한 인물, 마리 앙투아네트를 다시 생각하게 한다. 특히 소피아 코폴라 감독의 영화 〈마리 앙투아네트〉는 10대 소녀였던 마리의 감성을 중심으로 이야기를 전개해 나가며 당시 눈부시게 화려하고 아름다운 로코코 시대 모습을 유감없이 보여준다. 덕분에 우리는 18세기 프랑스 왕실의 의상과 액세서리, 인테리어와 가구, 디저트는 물론, 영상 곳곳에 담긴 가장 화려하고 찬란한 화이트를 감상할 수 있다.

로코코 양식은 바로크 양식과 함께 18세기 유럽을 대표하는 예술 양식이다. 바로크 양식이 짙은 컬러 톤에 웅장하고 장엄하며 권위적인 느낌이라면, 로코코 양식은 여성스럽고 부드러우며, 장

로코코 양식의 화이트와 파스텔 컬러를 잘 표현한 영화 〈마리 앙투아네트〉의 장면

식적이고 섬세하다. 특히 이 시기를 대표하는 화이트는 우아하고, 섬세한 감성을 가장 잘 표현한 컬러로 화이트 단독은 물론 모든 컬러에 섞여 부드러운 파스텔 계열의 컬러들을 유행시킨다.

이는 패션과 인테리어, 가구와 예술 분야에서 두루 나타나는데, 흔히 우리가 상상하는 서양의 화려한 레이스와 장식, 곡선적인 형태의 드레스가 이 시기의 복식이며, 화이트는 당시 남녀노소 모두에게 인기가 많았다. 여성들의 드레스는 화이트와 파스텔 컬러의 실크와 광택으로 가볍고 부드러운 느낌을 극대화했고, 모자는 보석이나 깃털, 꽃 등으로 화려하게 장식했다. 남성들 역시 인체의 곡선을 강조하기 위해 허리 라인이 들어간 상의와 프릴이 달린 셔츠를 입고 얼굴에 하얀 분을 발랐으며 상류층 남성들은 흰 가루를 묻힌 가발을 썼고, 하얀색 스타킹도 신었다.[3]

로코코 양식의 특이점 중 하나는 건물의 외관보다는 실내 인테리어와 가구 등에 널리 사용되었다는 점이다. 이때 배경색이 된 화이트는 공간을 보다 밝고 화사하게 만들며 금빛 장식과 보태니컬 문양이 더해져 화려하면서도 섬세한 매력을 극대화한다. 화이트는 주로 아이보리, 크림색과 같이 따뜻한 계열로 파생되어 파스텔 그린과 블루, 핑크와 만나 단아한 분위기를 이어나갔다.

로코코 양식은 회화에도 이어졌다. 가볍고 경쾌하며 감각적인 주제를 다룬 이 시기 화가에게 귀족의 사랑과 연애는 좋은 소재가 되었다. 그중에서도 장 오노레 프라고나르의 〈그네〉는 이 시

장 오노레 프라고나르, 〈그네〉, 1767~1768

기의 대표작으로 손꼽힌다. 작품 속에는 나비같이 나풀거리는 하얀 프릴 장식이 달린 핑크빛 드레스를 입은 여성이 그네를 타고, 그 뒤로 한 남성이 그네를 밀어주는 동시에 다른 남성은 아래에서 위를 올려다보고 있다. 여인을 비추는 따사로운 햇살과 흐드러지게 피어 흩날리는 꽃잎, 가볍고 장난기 어린 등장인물의 표정과 몸짓에서 에로티시즘이 느껴진다. 작품에 사용된 다양한 파스텔톤 컬러 역시 분위기를 더욱 부드럽고 낭만적으로 비추며 근심 없이 여가를 즐기는 젊은 귀족들의 일상을 담아냈다.

이처럼 로코코 양식 속 우아하고 화려하게 존재감을 드러내던 화이트는 18세기 말 프랑스 혁명 이후, 합리주의적 미학을 추구하는 신고전주의가 출현하면서 자연스럽게 사그라들었다. 하지만 오늘날에도 그 시절의 우아함과 여성스러움, 섬세함을 차용한 인테리어와 패션은 꾸준히 사랑받고 있다. 또한 형태를 간소화한 우아한 화이트는 여성들을 대상으로 하는 다양한 제품과 서비스에도 활용되고 있다.

활용

화이트를 보면 심리적으로 깨끗하고 정갈하며 청결함을 느껴, 복잡하고 지친 우리의 심신에 안정과 위로를 줄 수 있다. 특히 어지럽고 골치 아픈 문제를 정리하고, 무엇인가를 새롭게 시작하고 싶을 때 우리는 화이트를 찾게 된다. 새로움과 시작의 화이트는 머리를 맑게 하고 정서적으로 차분하게 만들지만, 단조롭고 무미건조하며 차갑게 느껴질 수도 있어 미묘한 색조를 잘 조율해 사용하는 것이 좋다.

패션

화이트는 가장 기본이 되는 색으로, 특히 화이트 셔츠는 누구나 하나씩 가지고 있을 법한 기본 아이템이다. 다른 컬러를 선명하고 돋보이게 연출해 주기에 상의 안에 받쳐 입기 좋은 컬러로 그 어떤 컬러와도 조화롭게 잘 어울린다.

화이트는 미묘한 색감에 따라 옐로 빛을 띠는 웜 화이트warm white와 블루 또는 바이올렛 빛을 띠는 쿨 화이트cool white로 나눌 수 있다. 웜과 쿨 각각 동일 계열 컬러와 매칭해서 입으면 또렷한 인상을 줄 수 있어 면접이나 인터뷰같이 사무적이고, 공식적인 자리에 적합하다. 또 순백의 화이트와 블랙의 조합은 가장 무난하고 안정적이어서 캐주얼이나 정장 등에 널리 활용된다.

소재에 따라 같은 화이트에서도 느껴지는 분위기가 다르기에 부드러운 울이나 실크, 광택이 도는 공단 등의 소재는 화이트의 차갑고 단조로운 단점을 보완할 수 있다. 본인의 이미지와 TPO(시간, 장소, 상황)에 맞는 소재의 화이트를 활용하는 것이 좋다. 여름철에 리넨이나 광목같이 빳빳하고 차가운 소재의 쿨 화이트를 활용하면 보다 시원한 이미지를 줄 수 있다.

다만 화이트는 얼룩이나 더러움이 쉽게 보이므로 오물에 취약한 소재나 의상에는 피하는 것이 좋다.

인테리어

화이트는 다양한 공간에서 활용된다. 깨끗하고 청결해 보이며 환자들에게 심리적 안정감을 주기에 병원에서 주로 사용되는 컬러다. 또 미술관 역시 화이트 큐브로 이루어져 있는데, 이는 관람자가 작품에 오롯이 집중하도록 도우며, 배경색과 작품 간의 색의 착시를 줄이기 위함이다. 하지만 최근에는 미술관의 내벽 컬러를 작품과 조화롭게 연출하기도 한다.

화이트 컬러가 갖는 단조로움을 보완하기 위해서는 다양한 소재 및 광택의 차이를 섞어 활용하는 방법이 있다. 고광택의 대리석, 타일 또는 석고, 나무 등의 소재를 함께 활용하면 보다 세련되고 감각적인 분위기를 연출할 수 있다.

기업, 브랜드 ─────────────────────

화이트는 전자제품부터 생활용품, 각종 코스메틱과 사무용품에 이르기까지 다양한 산업군에서 빠지지 않고 활용하는 컬러다. 하지만 구현하는 소재에 따라 분위기가 크게 달라지기에 플라스틱, 알루미늄, 나무, 종이 등 소재 본연의 특성과 마감을 함께 고려해 디자인하는 것이 좋다. 또한 다양한 소재, 컬러들과 믹스 매치하기에 최상의 컬러이기도 하다.

맺으며

"세상에서 가장 좋은 색은
당신에게 잘 어울리는 색입니다."

가브리엘 샤넬, 메종 샤넬 설립자

이 책을 통해 많은 분들이 컬러를 즐겁고 재미있게 인식해 보길 바랍니다. 또 각자의 개성과 감성을 표현하는 도구로 자유롭게 향유하면 좋겠습니다.

저 역시 원고를 쓰는 동안 제가 사랑하는 컬러에 대한 다양한 시각과 사고에 깊게 잠겨볼 수 있어 즐겁고 행복했습니다.

글을 쓰는 여정 동안 많은 영감이 되어주시고, 응원해 주신 가족들과 친구들, 지인분들께 감사드립니다.

참고 자료

RED 빨강

1 오토매닉스 블로그, 〈페라리는 왜 빨간색일까? 페라리 빨강에 담긴 비밀〉, 2021.4.19.
2 정우철, 《내가 사랑한 화가들》, 나무의철학, 2021.
3 황유미, 〈'레드 카펫'의 유래, BC 13세기로 돌아가볼까〉, 《뉴스핌》, 2017.4.23.
4 당신재단실 블로그, 〈까르띠에 : 왕가의 주얼리, 까르띠에의 역사〉, 2020.1.22.

BLUE 파랑

1 송지후, 〈신뢰와 혁신 희망의 색〉, 《CEO&》, 2018.5.1.
2 디자인프레스 포스트, 〈팬톤 2020년 올해의 컬러가 예술과 화합하다〉, 2020.2.28.
3 김종근, 〈피카소 / 세기의 천재화가 청색으로 인생을 말하다〉, 《월간중앙》, 2006.7.

GREEN 초록

1 최보윤, 〈'뉴보테가' 시대 이끈 다니엘 리, 보테가 베네타 떠났다〉, 《조선일보》, 2021.11.15.

YELLOW 노랑

1 명작! 살아 숨 쉬다(그리다) 블로그, 〈빈센트 반 고흐에게 특별했던 "해바라기" 작품, 표현기법〉, 2020.5.11.
2 모터데일리 포스트, 〈각양각색, 세계 여러나라의 '택시'〉, 2019.5.15.

ORANGE 주황

1 〈원래는 네덜란드 식민지였던 '뉴암스테르담' 영국이 '뉴욕'으로 바꾸고 깃발에 주황색 넣어〉, 《한림학보》, 2021.09.11.

VIOLET / PURPLE 보라

1 이지원, 〈보랏빛 판타지를 담은 브랜드, '안나 수이(Anna sui)'〉, 《데일리팝》, 2020.6.4.
2 〈보라해! 보라색은 어떻게 BTS의 상징이 되었나〉, 《바자》, 2021.7.5.

PINK 분홍

1 B tv I SK브로드밴드 유튜브, 〈이동진, 김중혁의 영화당 #114-'웨스 앤더슨의 환상적인 세계(문라이즈 킹덤, 그랜드 부다페스트 호텔)〉, 2018.
2 디자인 뮤지엄, 정지인 옮김, 〈세상을 바꾼 50가지 모자〉, 홍디자인, 2011.
3 아시아경제 포스트, 〈부끄러워서 죄짓고 싶지 않다는 스위스 핑크 교도소〉, 2019.9.26.

BLACK 검정

1 신격식, 《언어의 우주에서 유쾌하게 항해하는 법》, 사이드웨이, 2020.

2 유재부, 〈'패션의 검은 보석' 리틀 블랙 드레스의 진화〉, 《패션엔》, 2014.12.15.

3 CHANEL 유튜브 채널, 〈The Colors - Inside Chanel〉, 2014.

4 미술관 속 비밀 도서관 블로그(문소영 aka 솔문), 〈아니쉬 카푸어 Anish Kapoor, 존재하면서 부재하고
비어 있으면서 차 있는 것〉, 2012.11.3.

5 〈롤스로이스모터카, 뉴 블랙 배지 고스트 전 세계 최초 공개〉, 《모토야》, 2021.11.4.

6 양성철, 〈45Kg의 페인트와 롤스로이스 : Ghost Black Badge〉, 디자인DB, 2021.11.1.

7 존 하비 지음, 윤영삼 옮김, 《이토록 황홀한 블랙》, 위즈덤하우스, 2017.

WHITE 하양

1 아이웨딩 블로그, 〈100년의 역사가 담긴 웨딩드레스 변천사〉, 2020.8.4.

2 강일용, 〈아이폰·아이맥 만든 산업 디자인 업계의 전설 '조너선 아이브', 이제 애플 떠나 새 행보 나서〉,
《아주경제》, 2019.7.6.

3 정현숙, 〈로코코 시대 남성복에 나타난 미적 특성 분석〉, 《한국생활과학회》 제26권 4호. 2017.8.

사진 출처

- **위키 아트** 21, 23, 84, 86, 87, 151, 152, 196, 197, 198, 199, 238, 240, 301
- **20세기 폭스** 26, 29, 224(위, 아래), 225, 275, 276(위, 아래)
- **까르띠에** 33(위), 36
- **셔터스톡** 33(아래), 46, 47, 96, 146, 207
- **위키미디어 커먼즈** 35(왼쪽, 오른쪽), 57, 59(왼쪽, 오른쪽), 60, 61, 114, 129, 130, 133(위, 아래), 135, 165, 166, 231(아래의 왼쪽, 오른쪽), 256, 289(왼쪽, 오른쪽)
- **페라리** 39, 41(위, 아래)
- **삼성전자** 64, 65, 66(1, 2, 3, 4, 5, 6), 68
- **조니워커** 73, 74(1, 2, 3)
- **팬톤** 78, 137
- **아르텍하우스** 79, 80, 81
- **스타벅스** 99(1971, 1987, 1992, 2011), 214(왼쪽, 오른쪽)
- **보테가 베네타** 103, 106(위, 아래)
- **핀터레스트** 109, 110, 185, 243(위, 아래)
- **로우픽** 116(왼쪽, 오른쪽), 117(왼쪽, 오른쪽)
- **LG생활건강** 139
- **카카오** 143(왼쪽의 위, 중간, 아래, 오른쪽의 위, 중간, 아래)
- **픽사베이** 148
- **와인스타인 컴퍼니** 154
- **에르메스** 169, 173(위, 아래)
- **사우스웨스트항공** 176(왼쪽, 오른쪽)
- **플리커** 180, 263(위)
- **연합뉴스** 182
- **유타주립역사협회** 186
- **오랑주리 미술관** 200

- **안나수이** 202(위, 아래)
- **패션섬유박물관** 204
- **현대카드** 209(왼쪽, 오른쪽), 210
- **빅히트뮤직** 213
- **맥도날드** 215(위, 중간, 아래)
- **아카이브 스키아파렐리** 231(위), 235
- **샤넬** 254
- **시카고 시청** 263(아래)
- **현대자동차** 266
- **롤스로이스** 270, 271
- **Once A Tree** 279
- **프리픽** 290
- **애플** 295(위, 아래)
- **컬럼비아 픽처스** 299(위, 아래)

컬러 인사이드

제1판 1쇄 인쇄 2023년 8월 16일
제1판 1쇄 발행 2023년 8월 23일

지은이 황지혜
펴낸이 나영광
펴낸곳 크레타
출판등록 제2020-000064호
책임편집 김영미
편집 정고은
디자인 정승현

주소 서울시 서대문구 홍제천로6길 32 2층
전자우편 creta0521@naver.com
전화 02-338-1849
팩스 02-6280-1849
포스트 post.naver.com/creta0521
인스타그램 @creta0521
ISBN 979-11-92742-11-3 03300

책값은 뒤표지에 있습니다.
잘못 만들어진 책은 구입하신 서점에서 바꿔드립니다.